AF449756

ESCREVER EM TEMPOS DE EXCEÇÃO

Eduardo Pellejero
Susana Guerra
(organizadores)

2017

Título: Escrever em tempos de exceção
Organizadores: Susana Guerra / Eduardo Pellejero
Edição: PPGFIL-UFRN / 2017

Imagem de capa:
Paul Klee - "Gradação estática-dinámica" (1923)
The Berggruen Klee Collection, 1987 (Creative Commons)

Prefixo Editorial: 66377
Número ISBN: 978-85-66377-01-9
Título: Escrever em tempos de exceção
Tipo de Suporte: Publicação digitalizada

Pellejero, Eduardo. Guerra, Susana. (organizadores)

Escrever em tempos de exceção. Natal: PPGFIL, 2017.
107 p. (Coleção: Coletivos)

1. Filosofia da literatura. 2. Literatura comparada. 3. Estudos culturais. 4. História contemporânea. 5. Filosofia política.

SUMÁRIO

5
PRÓLOGO

11
ESCRITA, RESISTÊNCIA E MEMÓRIA: POSSIBILIDADES E IMPOSSIBILIDADES DO TESTEMUNHO
Dânigui Rênigui Martins de Souza

19
UM TRECHO EM NÓS: POR CLAUDIA
Clayton Marinho

27
OBRA, ESTA ESPUMA
Jefferson Eduardo da Paz Barbosa

39
MEMÓRIA DA DITADURA E NARRATIVA LITERÁRIA EM *GAROPABA MON AMOUR* DE CAIO FERNANDO ABREU
Cyro Roberto de Melo Nascimento

49
FORMA SEM NORMA: ESCRITA COMO VARIAÇÃO
Jucely Regis dos Anjos Silva

59
CARTAS DE UM SOLDADO SEM VOCAÇÃO
Susana Guerra

79
A LETRA EM BUSCA DA COR: A EXCEÇÃO COMO TEMPO HISTÓRICO PARA O POVO NEGRO BRASILEIRO
Francisco das C. F. Santiago Jr.

95
A ESCRITA FORA DE ORDEM
Eduardo Pellejero

"Para onde quer que volte o meu olhar, nada vejo ao meu redor senão sofrimento e aflição. Aquele que permanece contemplativo, hoje, dá prova de uma filosofia inumana ou de uma cegueira monstruosa."

A sentença de Gide (1954, p. 1211) é inapelável, e se faz ouvir na nossa época, nestes difíceis tempos que nos toca viver, como um apelo urgente a perseverar na busca de uma justiça impossível.

É menos explícita no que diz respeito às formas que pode adotar essa busca no meio que era o seu, e quiçá também o nosso: o da arte, o do pensamento e da literatura.

* * *

Para que servem os poetas em tempos de aflição? Foi Hölderlin, quiçá, quem se fez pela primeira vez essa pergunta, mesmo se só Blanchot (2011, p. 270) a elevaria ao seu estatuto propriamente filosófico. As respostas que tentaram artistas e filósofos, intelectuais e escritores, ora através das suas obras, ora através dos seus exemplos, deram e continuam a dar vida a essa interrogação.

* * *

Por ocasião da violenta repressão das greves mineiras durante o governo de Thatcher, nos anos 80, John Berger (2014, p. 91) escreveu: "Quando se derrota uma causa justa, quando se humilham os valentes, quando se cagam na nossa liberdade e os juízes na corte acreditam em mentiras, quando se desonra o nosso passado e se desprezam as suas promessas e sacrifícios, quando compreendes que se propuseram quebrar-te, quebrar as tuas comunidades, a tua poesia, o teu lar e, se possível, também os teus ossos, quando finalmente a gente compreende isso, também pode ouvir, soando dentro da sua cabeça, a hora da vingança justificada. Nos últimos anos, durante noites sem dormir, na Escócia e Gales do Sul, muitos ouviram, estou seguro, deitados reflexivos nas suas camas, a chegada dessa hora. E nada poderia ser mais humano, mais terno, que uma visão assim. Essa visão está surgindo em todo o mundo. Os heróis vingadores agora são imaginados e esperados. Já são temidos pelos imisericordiosos e benditos por mim e quiçá também por ti. Eu faria todo o possível para proteger esse herói. Porém, se durante o tempo que estivesse dando-lhe refúgio me dissesse que gostaria de desenhar, ou, supondo que fosse uma mulher, me dissesse que sempre quis pintar, mas nunca teve oportunidade ou tempo para fazê-lo, se isso acontecesse, acho que lhe diria: Olha, se quiseres, é possível que possas conseguir de outra maneira o que te propões, uma maneira com menos repercussões nos teus camaradas e que se preste menos à confusão. Não posso dizer-te o que faz a arte nem como o faz, mas sei que a arte algumas vezes julgou os juízes, exortou os inocentes à vingança e mostrou ao futuro o sofrimento do passado para que não fosse esquecido. Sei também que quando a arte faz isso, qualquer que seja a sua forma, os poderosos a temem, e que entre o povo e essa arte há por vezes um laço secreto que dá sentido àquilo que não pode dar as brutalidades da vida, um sentido que nos une, porque, no fundo, é inseparável de um ato de justiça. Quando funciona assim, a arte converte-se no lugar de encontro do invisível, do irredutível, do perdurável, da coragem e da honra."

* * *

Sartre sobreviveu à segunda guerra mundial à força de escrever. Primeiro num país sitiado, depois num quartel na fronteira com a Alemanha e, por fim, num campo de prisioneiros, escreveu como se disso dependesse a sua vida. Não pode surpreender-nos, portanto, que quando terminou a guerra publicasse um tratado sobre o que a escrita é e significa – inclusive, ou sobretudo, em tempos de aflição.

Segundo Sartre, independentemente das suas escolhas formais e dos seus motivos, a literatura desvenda o homem para o homem, visando que ninguém possa ignorar o mundo e considerar-se inocente diante dele. Com isso queria dizer que a literatura compreende entre os seus fins que o homem assuma a sua inteira responsabilidade pelo mundo. Independentemente do seu objeto imediato, das histórias que conta ou das palavras que agencia com propósitos estéticos específicos, cada livro visa uma retomada total do mundo, propondo-o como tarefa à liberdade do leitor, isto é, como uma totalidade essencialmente aberta, como uma totalidade que – da mesma forma que o livro – não vive sem ser animada pela adesão, a indignação ou a revolta do leitor (sem o seu compromisso ou o seu engajamento).

Não é secundário notar que o *pathos* próprio da experiência estética é, segundo Sartre, não o prazer, mas a alegria, isto é, um sentimento intenso da nossa liberdade, da nossa capacidade para agenciar e re-agenciar os signos e as coisas. De ordinário, o mundo nos aparece como o horizonte da nossa situação, isto é, como o conjunto indiferenciado dos obstáculos que nos separam de nós mesmos. A literatura nos apresenta o mundo, não como uma totalidade fechada, historicamente sobredeterminada, mas como um processo, um devir, sempre em jogo (Sartre, 2004, p. 49).

Como aquele que lê, pelo simples fato de abrir o livro, reconhece a liberdade do escritor, a obra de arte, vista de qualquer ângulo, é um ato de confiança na liberdade dos homens. O próprio da literatura não é resolver os problemas políticos, nem contribuir para a organização do social, mas lançar um apelo – através da dialética que a obra estabelece entre escritor e leitor – para que os homens assumam a sua liberdade (que pode ganhar forma respondendo às questões levantadas pela própria escrita, mas também seguindo linhas de ação em direções incomensuráveis).

* * *

A literatura tem a ver com a liberdade e não é indiferente à sua defesa. Sartre, como tantos outros, foi à guerra. Na Argentina, durante a ditadura, muitos escritores também chegaram a tomar as armas procurando a palavra justa e morreram quiçá sem encontrá-la. Mas nunca deixaram de escrever. Escreveram até o final, lutaram até o final.

Haroldo Conti não abraçou a luta armada, mas chegou a dar acolhimento a militantes que escapavam da repressão.

A sua literatura sempre fora, de uma forma geral, uma literatura engajada. Gostava de dizer que um escritor pode comprometer-se com um sistema político, mas também com um drama individual; que o homem na sua totalidade é uma causa. Escreveu: "Evidentemente, gostaria ser um escritor comprometido totalmente. Que a minha obra fosse um firme punho, um claro fúsil. Mas decididamente não o é. É que a minha obra me toma relativamente em conta, faz-se um pouco apesar de mim, escapa das minhas mãos, quase diria que se escreve sozinha e, chegado o caso, o único que sinto como uma verdadeira obrigação é fazer as coisas cada vez melhor, que a minha obra, a nossa obra, como diz Galeano, tenha mais beleza que a dos outros, os inimigos" (Conti, 2008, p. 535).

A exigência da beleza, como a da justiça, é também algo pelo que vale a pena lutar, o improvável retorno da beleza em meio das ruínas que a história deixa ao passar, a beleza enquanto lampejo do fantasiar de uma comunidade livre ou enquanto sobrevivência da visão de outro mundo possível.

Haroldo Conti foi sequestrado em 1976. Na noite do seu desaparecimento, frente à sua mesa de trabalho, ficou entre os despojos um cartaz que Conti pendurara quando recebera as primeiras advertências de que estava a ser vigiado, e que os sequestradores – que levaram quase todos os seus papéis com eles – não souberam interpretar, porque estava escrito em latim; dizia: *Este é o meu lugar de combate, e daqui não saio.*

* * *

Como tantos outros que resistiram à injustiça, Haroldo Conti continua desaparecido. Não desapareceu a sua obra, que é de uma humanidade que em certa medida nos ajuda a viver nestes tempos de aflição. Num dos contos que escreveu antes de desaparecer, deixou estas palavras essenciais (Conti, 1994, p. 104):

Ameixoeira da minha porta,
se não voltar eu,
a primavera sempre
voltará. Tu, floresce.

É certo que a primavera volta sempre. Pode fazê-lo, inclusive, fora de época, como quando as temperaturas sobem inesperadamente durante umas semanas em pleno inverno.

Também é certo que a arte é capaz de aquecer os nossos corações e agitar a nossa imaginação. Pode fazê-lo, inclusive, em tempos de aflição. A primavera voltará, como voltou a primavera em Paris com a Comuna, como voltou a primavera em Praga, que pisotearam os tanques, ou como floresceu, *a destempo*, brevemente, no Egito em 2010.

* * *

A guerra de catorze surpreendeu Juan Gris no sul de França, junto à fronteira com Espanha. Sobreviveu aos primeiros tempos graças à generosidade de uma família amiga. Perto se encontrava Matisse, com quem, segundo se conta, se reunia para conversar todas as tardes.

Prólogo

Dois anos depois, em 1916, Hugo Ball escrevia (1989, 13-VI): "As palavras e a imagem estão crucificadas". Gris, que conseguira regressar a Paris e passava grandes dificuldades, não o entendeu dessa forma, e continuou pintando. Não é possível pensar que pudesse ser indiferente aos milhares, aos milhões de mortos que se amontoam nas trincheiras de Verdún e do Somme. Simplesmente trava a sua batalha noutra frente. Não pode renunciar à pintura. Renunciara a todo o resto. Se abdicasse também disso, de nada valeria que o mundo ressurgisse das cinzas depois que a guerra acabasse.

A vida é, por um lado, uma carga, uma fonte de obrigações, e exige o nosso compromisso, a nossa participação na luta pelo bem comum. Mas a vida é, também, desejo daquilo que só aceita ser amado sem medida, para lá de qualquer coação, e pede para ser dançada com fanatismo.

Gris atravessou a guerra sem empunhar uma arma; mas encerrado no seu estúdio, pintando as mesmas coisas de sempre, estava comprometido em fazer da vida algo pelo qual valesse a pena continuar lutando. O mundo seria mais pobre hoje se tivesse procedido de outro modo.

* * *

"A luta de classes – escreveu Walter Benjamin (1994, p. 223) –, que um historiador educado por Marx jamais perde de vista, é uma luta pelas coisas brutas e materiais, sem as quais não existem as refinadas e espirituais. Mas na luta de classes essas coisas espirituais não podem ser representadas como despojos atribuídos ao vencedor. Elas se manifestam nessa luta sob a forma da confiança, da coragem, do humor, da astúcia, da firmeza, e agem de longe, do fundo dos tempos. Elas questionarão sempre cada vitória dos dominadores."

Seja como lugar da nossa consciência reflexiva, isto é, como âmbito onde se objetiva o que há de mais importante para nós, o que para nós vale como uma lei; seja como espaço de encontro, ao mesmo tempo aberto e clandestino, onde podemos entrever configurações menos absurdas do comum; a arte tem um valor que não admite avaliação, inclusive, ou sobretudo, em tempos de aflição.

As obras de arte nos revelam o mundo, denunciam a injustiça cada vez que toma conta dele, nos reúnem e nos oferecem consolo, nos interpelam e nos chamam. Não reclamam vingança: simplesmente esperam

9

que assumamos por conta própria o trabalho, *nem sempre paciente*, que dá forma à impaciência da liberdade.

Os ensaios que compõem o presente volume forma escritos no espírito desse exercício da resistência e da rebeldia que a arte inspira em todos nós. Está nas nossas mãos, como nas mãos do leitor, dar-lhes uma continuidade extraliterária.

Eduardo Pellejero

Referências
BALL, Hugo. 'La palabra y la imagen'. Em: José Antonio Sarmiento. **Arte Sonoro**. Cuenca: Universidad de Castilla la Mancha, 1989. Disponível em: https://www.uclm.es/artesonoro/
BENJAMIM, Walter. **Magia e técnica, arte e política: ensaios sobre literatura e história da cultura**. São Paulo: Brasiliense, 1994.
BERGER, John. 'Mineiros'. Em: **Revista Polichinello**, Nº 16. Belém: Eline Moura, 2014.
BLANCHOT, Maurice, *O espaço literário*. Rio de Janeiro: Rocco, 2011.
CONTI, Haroldo. 'Compartir las luchas del pueblo' [1974]. Em: **Revista Crisis (1973-1976) – Antología – Del intelectual comprometido al intelectual revolucionario**. Bernal: Universidad de Quilmes Editorial, 2008.
CONTI, Haroldo. **Cuentos completos**. Buenos Aires: Emecé, 1994.
GUIDE, André. **Journal (1939-1949)**. Paris: Bibliothèque de la Pléiade, 1954.
SARTRE, Jean-Paul. **Que é a literatura?** São Paulo: Editora Ática, 2004.

Dânigui Rênigui Martins de Souza

ESCRITA, RESISTÊNCIA E MEMÓRIA:
POSSIBILIDADES E IMPOSSIBILIDADES DO TESTEMUNHO

Estado de Exceção: Uma breve explanação do conceito. Em seu texto *sobre o conceito de história*, na famosa oitava tese, Benjamin nos fala: "A tradição dos oprimidos nos ensina que o 'estado de exceção' em que vivemos é na verdade regra geral". (Benjamin, 1987 p 226). Essa constatação feita pelo filósofo alemão possui um grande impacto na filosofia política de Giorgio Agamben. Essa passagem, por sua vez, é diversamente citada em seus textos para se referir ao mundo contemporâneo e aos caminhos que estão sendo traçados pelas democracias. Entender a exceção na filosofia de Agamben, parece ser antes de tudo, entender a racionalidade que está impregnada no ocidente. Nesse sentido, as investigações do filósofo italiano o conduziram a perceber que o pensamento político ocidental vem sendo regido por uma racionalidade parecida com a encontrada no arcaico Direito Romano, na qual a vida cada vez mais entra num processo de indeterminação do seu valor. Ao observar os regimes de governo nas sociedades contemporâneas, Agamben nota que o uso dos dispositivos de exceção estão se tornando regra, como já era constatado por Benjamin, e que a estrutura que rege esse dispositivo é a mesma encontrada nos famosos campos de concentração nazistas.

De forma simples, o termo estado de exceção é utilizado pelos juristas para se referir a suspensão da constituição e o início de um estado de emergência, no qual precisam ser adotadas medidas imediatas para que este estado saia da situação emergencial, ou de crise. Entretanto, apenas o soberano possui a capacidade de decretar tal estado. Nesse sentido o soberano e a exceção são coisas indissociáveis, como podemos constatar na célebre passagem da "Teologia Política" de Carl Schmitt onde ele nos afirma "Sovereign is he who decides on the exception"[1] (Schmitt, 1985 p. 5). Ao decretar a exceção as leis que estão em vigor perdem sua validade e passam a existir decretos que funcionam com "força-de-lei".

Nesse momento de suspensão, aberto pela exceção, o soberano passa a governar com poder ilimitado - uma vez que não há leis positivas em vigor, a não ser a sua própria vontade[2]. Sendo assim, o estado de

---

[1] Tradução livre: "soberano é aquele que decide sobre a exceção"

exceção não seria um local deixado ao caos ou um lugar de ninguém, mas sim um local onde a vontade soberana possui liberdade máxima.

Esse espaço aberto pela exceção nos coloca num lugar paradoxal, no qual a lei se aplica desaplicando-se, e se desaplica aplicando-se. A exceção passa a representar uma zona de indistinção entre o que está dentro e o que está fora do direito. Segundo Agamben,

> Na verdade, o estado de exceção não é nem exterior nem interior ao ordenamento jurídico e o problema de sua definição diz respeito a um patamar, ou uma zona de indiferença em que dentro e fora não se excluem, mas se indeterminam. (Agamben, 2004. p. 39)

Ao ser instaurada, a exceção captura a vida humana e a transforma em mera "vida nua", uma vida natural (zoé) desprotegida de todos os seus direitos e exposta ao poder soberano. Na exceção o soberano atua como única autoridade.

Para Agamben, o elemento constitutivo do político no mundo contemporâneo se encontra na redução dos homens ao estatuto de "vida nua", operação que implica uma politização da vida protegida no seio da comunidade e vida excluída, abandonada e assassinada.

Segundo o filósofo italiano, o uso do Estado de exceção vem se tornando constante após as grandes guerras mundiais, e o malefício causado por sua utilização é deixar a população a mercê de um poder soberano, pois uma vez que as leis que regem determinada sociedade estão suspensas, o soberano surge como a única fonte de legitimação das ações realizadas pelo Estado, ou seja, o soberano legitima suas próprias ações. Para Agamben, não é o cárcere, mas o campo de concentração (a exceção pura) que se tornou o paradigma biopolítico da modernidade.[3]

---

[2] Relembrando, é importante notarmos que a vontade do soberano se torna lei, ou melhor decreto com força-de-lei. Aqui a vontade do soberano atua de forma livre e com poder ilimitado.

[3] Diferente de Foucault, Agamben acredita que a biopolítica -a inscrição da vida humana nos cálculos e estratégias políticas do governo- é tão antiga quanto o surgimento da política no ocidente. Por isso o cárcere -o nascimento das prisões- , o nascimento da clina moderna, o surgimento de uma política de saúde de estado, não poderia ser considerado o marco inicial do surgimento da biopolítica. Apesar de ser um aspecto muito importante para entendermos a evolução do conceito de biopolítica não poderíamos identificar seu *arché* com o aparecimento dessas

Quando o terror ocupou o lugar das leis positivas, a força da maquinaria estatal se mobilizou sob a aparência de necessidade. Os campos foram instaurados sob o fundamento jurídico da "custódia protetora" ou da proclamação do estado de sítio, de emergência ou de exceção. Com o surgimento do *nomos* dos campos de concentração, nas democracias contemporâneas, o estado de exceção deixa de se referir a uma situação externa e provisória de perigo factual, para confundir-se com a própria norma.

O campo é o espaço que se abre quando o estado de exceção começa a tornar-se a regra. Desta forma, Agamben nomeia com o termo "campo" um espaço no qual se aplica plenamente a exceção. É o espaço que se abre quando a exceção torna-se norma. Quando a exceção é implementada sobre a vida humana cria-se à realidade do campo. Trata-se de um espaço geográfico, mas também demográfico. O campo demarca um espaço biopolítico em que a exceção se aplica como norma, os direitos estão suspensos e no vazio do direito vigora a vontade soberana.

Todo espaço em que o direito está suspenso, de uma ou outra forma, e a exceção se aplica como algo normal, incorpora as características do campo. Nele se realiza a exceção como espaço biopolítico no qual a vida humana se encontra plenamente controlada e vulnerável.

Possibilidades e impossibilidades do testemunho. Como tentativa de resistir e produzir memória, e com o objetivo de evitar momentos de estado exceção - o qual possuímos como grande exemplo Auschwitz - temos o testemunho de pessoas que viveram nesses espaços e possuem uma posição privilegiada para nos contar as experiências vividas, quase ao extremo, num campo, um local puro da exceção.

Em "o que resta de Auschwitz: o arquivo e a testemunha", Agamben tenta nos mostrar um panorama do que seria dar testemunho sobre uma existência levada ao limite. Além disso, o livro nos conduz a uma reflexão sobre o que resta de Auschwitz - pensar a ideia de "resto" parece ser o ponto central da obra. Esse "resto" não deve ser entendido como algo que sobra ou que permaneceu ao longo do tempo, ele apresenta-se como a impossibilidade da própria língua testemunhar, como impossibilidade da própria língua falar. Aqui, o "resto" é aquilo que não

---

instituições.

pode ser alcançado por possuir a potência do não, que não pode ser arquivado por sua incapacidade de falar, pela incapacidade da língua.

Não é à toa que Agamben dedica a segunda parte de seu livro ao mulçumano (*Muselmann*), a quem o chama de intestemunhável. De modo breve, poderíamos caracterizar como mulçumano o "morto-vivo", o "não-homem", o que não possuía rosto, nem forças, aquele que andava pelo campo sem vida, de ombros curvos e magro ao extremo.

Para o filósofo italiano, o mulçumano é a marca do ser que viveu ao extremo as consequências da criação do campo (da exceção aplicada à política). É a partir do paradigma do campo que Agamben argumenta sobre o espaço político contemporâneo ao longo do tempo, que para ele, estabeleceu um novo *nomos* caracterizado por: ausência de leis, a anomia, e uma transformação cada vez mais latente de *bíos* em *zoé*. Nesse sentido o estado de exceção é o lugar onde surge o mulçumano como uma testemunha impossível, pois suas condições não permitem que o faça.

Não só Agamben, mas também os sobreviventes do Holocausto relatam a impossibilidade de dar um testemunho verdadeiro a partir de suas próprias experiências vividas nos campos nazistas. Primo Levi é um exemplo recuperado pelo filósofo. Para Levi as verdadeiras testemunhas foram aquelas que viveram a experiência do extermínio até o fim e não sobreviveram para nos contar seus relatos. Segundo Levi, aqueles que podiam realmente nos dar relatos verdadeiros são aqueles que já estavam mortos antes de morrer, aqueles haviam perdido suas capacidades de se comunicar antes da própria morte. Aos que sobreviveram cabem falar apenas por aproximação, pois dar testemunho significa falar de uma experiência radical, a qual o sobrevivente não possui.

Ao observar o fato do mulçumano ser a testemunha integral, como é relatado por Levi, Agamben chega à conclusão que este fato nos conduz a um duplo paradoxo. O primeiro refere-se à impossibilidade de expressar através da linguagem uma situação limite; e o segundo refere-se ao dar testemunho, por aproximação, daquilo que quem testemunha não passou. De um lado temos o mulçumano como o "não-homem", como o único capaz de nos dar um testemunho verdadeiro. De outro lado temos o fato de que a verdadeira testemunha – o mulçumano – não pode testemunhar por ser incapaz de dar testemunhos, devido as suas condições físicas, uma vez que ele "tocou o fundo do poço" e não resta quase nada de suas funções psicológicas para nos relatar algo. Observemos a seguinte passagem:

Sentido e sem-sentido deste paradoxo, nessa altura, tornam-se transparentes. O que neles se expressa não é senão a estrutura íntima dual do testemunho como ato de um *autor,* como diferença e integração da uma impossibilidade e de uma possibilidade de dizer, de um não-homem e de um homem, de um ser vivo e de um ser que fala. O sujeito do testemunho é constitutivamente cindido, só tendo consistência na desconexão e na separação – não sendo, contudo, redutível às mesmas. Isso significa 'ser sujeito de uma dessubjetivação'; por isso, a testemunha, o sujeito ético, é o sujeito que dá testemunho de uma dessubjetivação. O fato de não ser possível atribuir o testemunho [*l'inassegnabilità dela testimonianza*] não é mais o preço dessa cisão, dessa inquebrável intimidade do mulçumano e da testemunha, de uma impotência e de uma potência de dizer (Agamben, 2008. P 149)

O que Agamben pretende mostrar com esse paradoxo é que o testemunho está ligado ao plano da linguagem, não com aquilo que resulta da impossibilidade de dizer, mas sim como um sistema de relação entre o dizível e o indizível, entre aquilo que se pode dizer e aquilo que se diz, ou seja, o que fica entre a potencialidade da linguagem e a sua possibilidade efetiva. Nesse sentido, o testemunho não estaria no campo da impossibilidade do dizer, do falar, ou do escrever, mas na potência do não. Dar testemunho, seria para Agamben, uma possibilidade de dizer que carrega a potência do não-dizível.

Porém isso não significa que devemos deixar de falar de Auschwitz (da exceção), pelo fato de não possuirmos uma experiência originaria com o ocorrido. O relato dos sobreviventes é o que temos de mais próximo desses acontecimentos, além de ser uma tentativa de alertar e de resistir contra a implementação da estrutura da exceção. Os escritos dessas testemunhas devem nos servir como grandes alertas de incêndios, como um local para onde olhamos e descobrimos os horrores da utilização da exceção em escala estatal. Um local privilegiado, às custas de muito sofrimento, para observarmos a racionalidade impregnada em gerenciar a vida produzindo sobrevida[4].

---

[4] Segundo Agamben a grande contribuição da biopolítica é a produção da sobrevida. Uma zona de indistinção que não é vida e não é morte, mas sim um estado intermediário entre os dois. O mulçumano é o exemplo mais claro da

Pensar Auschwitz não significa, apenas, pensar o que aconteceu na Alemanha nazista da segunda guerra, significa pensar todos os locais da história no qual vigora a estrutura da exceção. Todas as vezes que temos a estrutura da exceção satisfeita, temos também a instauração de um campo. Os testemunhos nos servem de alerta, sua própria impossibilidade de testemunhar o real, o extremo de uma existência na vida nua, deveria servir como um alerta ainda maior.

Como pode existir uma experiência tão devastadora a ponto de ser situada na esfera da potência do não dizível?

Não há nem verdadeira testemunha, nem testemunho verdadeiro, pois as testemunhas autênticas (*muselmann*, os "mortos-vivos") não possuíram condições, ou por morte ou completa invalidez, de nos falar o ocorrido. O dizível, o narrado, estão nos arquivos para que possamos consultar e termos uma ideia aproximada do que significa a exceção radical. Porém, o que talvez seria o mais essencial, ou o testemunho verdadeiro, nas palavras de Levi e Agamben, não temos acesso. O essencial, o que realmente nos devia ser falado na não-língua de Hurbinek[5], nos aparece indizível e inarquivável.

Não queremos desmerecer os sobreviventes ou amenizar suas torturas, nem acredito que essa seja a intenção de Agamben. O papel que os sobreviventes exercem é de enorme importância relatando os inimagináveis acontecimentos, nos aproximando ao máximo possível da experiência de um campo, já os que não sobreviveram encontram na literatura de testemunho, por meio da palavra dos sobreviventes, um lugar para resistir.

Referências

AGAMBEN, Giorgio. **Estado de Exceção**. Trad. Iraci D. Poleti. São Paulo: Boitempo, 2004.

AGAMBEN, Giorgio. **Homo Sacer: poder soberano e vida nua I**. Trad. Hemrique Burgo. Belo Horizonte: UFMG, 2010.

AGAMBEN, Giorgio. **O que resta de Auschwitz: o arquivo e testemunha**. Trad. Selvino J. Assman. São Paulo: Boitempo, 2008

BENJAMIN, Walter. **Mágia e técnica, arte e política: ensaios sobre literatura e história da cultura**. São Paulo: Brasilense, 1987.

---

sobrevida produzido pelo dispositivo da exceção.

[5] Um dos personagens narrados por Levi que nasceu em Auschwitz.

SCHMITT, Carl. **Political theology: Four Chapters on the Concept of Sovereignty**. Trad George Schwab. Massachusetts Institute of Technology. 1985.

Clayton Marinho

UM TRECHO EM NÓS:
POR CLAUDIA

> Falar-te disso [de minhas penas] é doloroso
> para mim. Mas calar-me também me causa
> muitas dores.
>
> Ésquilo, *Prometeu acorrentado*

I. *Na colônia penal*, novela de Franz Kafka, há dois personagens sobre os quais gostaria de tecer alguns comentários. O primeiro, o viajante, um estrangeiro que, a convite, assiste a última execução na máquina, personagem "central" da obra. O segundo, o condenado, em vias de ser punido devido a sua incapacidade de resistir ao desejo corporal. Esse último não conseguiu manter-se acordado durante sua obrigação de bater continência frente à porta de seu comandante, nas horas estabelecidas. Convenhamos, uma obrigação infernal. O viajante, também um observador, representante simbólico, simpático ao novo comandante, não deixa dúvidas quanto ao seu posicionamento negativo perante a possibilidade do uso da máquina para punição (ela precisa de 12 horas para realizar o processo!). Todavia, gostaria de destacar: ele nada faz para impedir a execução do condenado. É o vômito do condenado na máquina, o que obriga o oficial a parar a execução e limpar o equipamento. Nesse ínterim, o observador pensa sobre as medidas a tomar: por ser estrangeiro e convidado, sente-se juridicamente impossibilitado de agir, sem contar certa "indelicadeza" perante seus anfitriões; por indiferença perante o condenado é incapaz de sentir alguma compaixão. Mais paradoxal é isto: apesar de ser contrário às opiniões do oficial, ele é o único com quem, de fato, consegue comunicar-se. Os demais presentes, em especial o condenado, não compreendem a língua do estrangeiro. Acrescento também: a descrição do condenado assemelha-o a um cachorro, despertando mais asco que compaixão. Para completar: é o vômito, algo sujo e vergonhoso o que ainda "*resiste* e não funciona" (Gagnebin, 2009, p.131).

Toda a postura do condenado é de alguém que não abandona sua condição animalesca, enquanto o oficial e o viajante são os representantes da civilização, que guardam, apesar das atrocidades, a fé na técnica e no conhecimento racional. No fim, o que mais interessa ao viajante é sair daquela ilha, afastar-se. O condenado e o outro oficial inferior seguem o estrangeiro, sendo impedidos por esse de embarcarem no mesmo barco que o tiraria da ilha por uma ameaça. Tendo falhado no encontro com aquilo "que a tradição filosófica chamou de consciência" durante toda sua vida, o condenado iria aprender com seu corpo, "a sentença que ele não conseguiu, durante a vida, realizar. A escrita interior, essas palavras inscritas na alma ou no coração [...] agora, na agonia, [...] se exterioriza e se revela nas feridas do suplício" (*idem*, p.126-127). Claro, sabemos: quem morre ao final é o oficial que defendia a máquina e seu modo de operação. Permanece, porém, esse fundamento do corpo como último limiar de aprendizagem e de realização da consciência, no último limiar da vida, a morte. Todos, segundo o oficial, conseguiam reconhecer a sua própria sentença (último, senão o único, ato de consciência!) nas seis últimas horas, quando a agulha já estava entranhada no corpo do condenado, sendo que até o mais estúpido conseguiria decifrar, não com o olhar (a contemplação!), mas com o próprio corpo. Esse conhecimento geralmente coincidia com o final do processo, quando a agulha traspassava-o e o corpo, inerte, era lançado ao fosso.

Aqui, por exemplo, lembra Gagnebin (2009, p.139), de um adágio grego, que ela mesma ouvira de sua professora no primeiro dia de aula do idioma: "o homem que não foi esfolado não é educado/formado". A escrita aqui aparece como algo violento, uma transição, nem sempre trágica (na perspectiva do teatro grego e moderno), do sofrimento animalesco para a liberdade/libertação racional e da moral, poderíamos dizer. Todavia, nada heróico, nem uma superioridade advinda do sentimento sublime. A escrita aparece como aquele *rastro* – poderíamos dizer também *trecho* – dessa passagem violenta. Ao mesmo tempo em que é tal passagem o que separa o viajante culto do condenado de "sujeição tão canina", pelo qual será punido inclusive, é ela também o que inviabiliza o reconhecimento, pois, afinal, o desrespeito à lei daquela nação da qual o estrangeiro não faz parte, impede-o de agir. A úncia forma de resistência do condenado, aceitando docilmente seu destino, é um ato corporal e involuntário, e por isso, asqueroso: vomitar.

Gostaria, com essas não muito longas considerações sobre a novela de Kafka, apontar a condição do condenado como um "sujeito" de direito sendo injustamente punido, e sua contrapartida, o viajante, "sujeito" sem direitos naquele espaço, indiferente, apesar de discordar da forma da punição. Um incluído na lei e punido por ela, sendo excluído pela morte; o outro excluído da lei, tendo negado por isso o direito à participação política, naquele lugar. Ambos parecem reduzidos, como chama Agamben, às formas do *homo sacer*. O *homo sacer* é o resultado da indiscernibilidade entre a vida nua e a vida política, ao ponto de o indivíduo estar entregue à condição de "mera vida biológica" e permanecer à disposição do poder do soberano, como um recurso a ser administrado. Isto é, a lei para ambos é exceção. Podemos ver dois modos de operação da lei como exceção: ela determina seus excluídos e desmobiliza o reconhecimento, ao operar numa "zona de indiferenciação", em que a lei está suspensa, vazia, para a operação da vontade de alguém que encarna a lei. Como sujeito de direito, o condenado não consegue o apoio do convidado, pois a própria lei dessubjetiva a relação, reduzida a procedimento jurídico, pelo qual, na qualidade de estrangeiro, o viajante mantém respeito; como excluído, ele tampouco consegue o reconhecimento do outro, pela distância da "vida digna", civilizada do estrangeiro em relação à "vida nua" do condenado.

Nessa relação aparece-nos uma problemática, pela qual passo sucinta e rapidamente: uma "vida nua" não é uma vida digna. A existência não deveria, segundo Agamben, e segundo também sua influência fundamental, Walter Benjamin, sobrepor-se como valor à vida digna, aquela que nasce de uma decisão moral. O direito que procura garantir o direito à vida biológica, inscreveria, basicamente, qualquer um(a) na trama do destino, nessa ordem do direito e, portanto, no âmbito jurídico que procria seus monstros. Uma questão, nada confortável que surge daí é: estaria o condenado danado por ausência de decisão? O próprio texto, na fala do oficial, descreve-o como alguém que poderia estar solto e, ao assovio, voltar correndo como um cachorro. Ele, reduzido a um homem-animal, só consegue resistir por atos involuntários, como vomitar, algo que está longe da superação pela moral. Dessa forma, ele sequer mereceria sua vida. Uma resposta já sugerida por Benjamin está na aparência que se cria em torno dessa possibilidade de decisão: não como decisão, mas como escolha. Isso é o centro da discussão em seu texto sobre *As afinidades eletivas* de Goethe. Nesse texto, Otille, a jovem que encarna a beleza e pureza, durante sua jornada nada decide, fica à mercê do destino, realizando não uma redenção, mas a sua aparência. Ela sucumbe ao destino e sua morte não é a superação do mundo da culpa, em busca do mundo bem-aventurado. Ela, junto a Eduard, permanecem como uma pálida estrela da esperança sobre nossas cabeças. E, enigmaticamente, ele conclui lapidarmente: "[a]penas em virtude dos desesperançados é-nos concedida a esperança" (Benjamin, 2009, p.120). Tentarei voltar a essa frase mais ao final.

II. Gostaria, nesse momento, de voltar-me um pouco para o título deste trabalho. Mais precisamente a segunda parte: *por Claudia*. É uma dedicatória, dedicado a ela, mas também em nome dela, no lugar dela, um pouco sobre ela, *através* dela. Isso, através dela que eu procuro falar. Uma pessoa que existiu, convertida em "personagem" encenando uma preocupação filosófica; a encarnação, isto é, alguém visivelmente presente no mundo, ainda que estivesse invisível e desprezada socialmente, que se revela visualmente, uma imagem, como imagem, na medida em que nos dá uma imagem, involuntária, não-sabida, nem querida de sua própria morte.

Eu falo *através* dela. E isso significa falar através, traspassando uma fissura, não apenas do que escrevo *sobre*, *no lugar* dela, mas dela em mim. Ela foi "rasgada" no trecho daquela viatura policial, daquela porta que se abriu e derramou seu corpo, corpo como vida nua, a exceção encarnada ali, de um corpo que *dá-a-forma* na mesma medida em que é esfolado. Seu corpo foi inscrito e "excreveu" nesse espaço de exceção, e com essa "excrita", arrasta a cada um de nós; gravou a sangue e fogo seu nome em nossos corpos. Seu corpo abre-se, e abre-se para nós: desfigurada em sangue, sofrimento e desesperança. Não é uma mulher que vemos, mas uma massa disforme, tal como as pinturas de Francis Bacon, sem o preciosismo de suas cores. Repugnante, um corpo inerte resistindo contra a calçada. Também, assim, não é apenas sobre, mas *apesar de*, que escrevo através de Claudia. Ela abre o trecho de uma incapacidade de construir sentido. Mesmo que aqui eu *professe* sua inscrição na exceção, como vida nua, isso nada significa, nada diz sobre essa mulher. Diz através e apesar dela. Nada pode nos ensinar, coisa alguma pode nos dizer que organize nossa experiência, nossa realidade, nosso conhecimento. É um *sem-sentido* ressurgido no corpo dessa mulher. Algo a ressoar uma promessa jamais cumprida. Ela abre o trecho da incapacidade do pensamento responder à sua "questão", uma questão-enigma, sobre o qual nada sei, talvez ainda, talvez para sempre...

A escrita aparece como uma forma, no sentido de algo que sustenta e permite uma form-ação desses sem-sentidos, que mais do que dizer alguma coisa, sistematicamente, construindo e relacionando sentidos, para podermos apreciar a "malha da verdade", conseguimos, quando muito, a sua expressão. Essa expressão permanece como uma espécie, no sentido não tão comum de "disfarce", de algo utilizado para ocultar alguma coisa, de promessa. Promessa não realizada. Mas, também, inscreve na nossa memória com a via de não nos fazer esquecer. Podemos lembrar uma passagem da segunda dissertação da *Genealogia da moral* de Nietzsche, sobre a memória, bem como a sua relação com o esquecimento ativo em *Gaia Ciência*. Uma forma que permite ao "bicho-homem" (lembremos do nosso condenado de pouco) a alcançar alguma consciência, essa coisa pela qual tantos pensadores clamam, chamam, desejam e operam promessas de liberdade...

‘Como fazer no bicho-homem uma memória? Como gravar algo indelével nessa inteligência voltada para o instante, meio obtusa, meio leviana, nessa encarnação do esquecimento?' Esse antiquíssimo problema, pode-se imaginar, não foi resolvido exatamente com meio e respostas suaves; talvez nada exista de mais terrível e inquietante na pré-história do homem do que a sua *mnemotécnica*. ‘Grava-se algo a fogo, para que fique na memória: apenas o que não cessa de *causar dor* fica na memória' [...]", diz-nos Nietzsche (2009, p.46), acrescentando bem mais adiante: "[...] com a ajuda dessa espécie de memória chegou-se finalmente ‘à razão'! – Ah, a razão, a seriedade, o domínio sobre os afetos, toda essa coisa sombria que se chama reflexão, todos esses privilégios e adereços do homem: como foi alto o seu preço! Quanto sangue e quanto horror há no fundo de todas as ‘coisas boas'! (*idem*, p.47)

Não posso deixar de fazê-los saber, ou lembrá-los, de uma passagem de Cortazar, n'Os Reis. O Minotauro está numa luta com Teseu, a quem foi incumbido a morte daquele "animal", animal revelado pelo autor da peça como um indivíduo humaníssimo, demasiadamente humano. Ele é quem decide, por fim, "entregar-se à espada" de Teseu, dizendo: "Quando o último osso tiver se separado da carne, e minha figura se tornado olvido, nascerei de verdade em meu reino incontável. Lá habitarei para sempre, como um irmão ausente e magnífico. Ó residência diáfana do ar! Mar dos cantos, árvore de murmúrio!" (Cortázar, 2001, p. 71-72).

"Irmão ausente" de quem? Do escritor particularmente, do artista em geral. Se ele se ausenta, fica ao cargo do irmão que permanece lembrar quem se foi, cuja presença sente-se vagamente, nos murmúrios, nos chilreios, entre os limiares da história. Escrever torna-se, assim, diz-nos Eagleton (2010, p.282), "uma questão de carne e osso". Isso significa não buscar os transcendentais alçados além do cotidiano, nem estabelecer tempos épicos de inscrição da história, mas algo que Manoel de Barros chama "alçar ao rés do chão", fazer das coisas "inúteis" poesia. Todavia, não uma poesia que tenha como finalidade redimir, mas tornar potência, isto é, uma promessa sem futuro, que talvez, digo talvez, alcance algum ouvido, torne-se alguma imagem num futuro desconhecido. Isto é, outra espécie de *tradição*, uma tradição dos oprimidos.

Já dizia Benjamin, a 'tradição' dos oprimidos nos ensina que o estado de exceção é a regra. Tal 'tradição' permite descobrir no espaço de 'suspensão' da lei a imagem mais autêntica da força de lei que mantém o poder dos vencedores. Romper essa tradição significaria possibilitar o aparecimento da imagem verdadeira desse estado. Essa imagem verdadeira: não é qualquer "horizonte", que aparece, senão o fenômeno efêmero de um corpo que sofreu, um desesperançado que fez "brilhar" (como aquele que queima na fogueira por seus 'pecados', não esqueçamos) para os que ficaram a esperança.

Podemos, agora, nessa volta de muitas pontas soltas, retornarmos àquela relação da desesperança. Lembro a frase: a esperança é dada em virtude dos desesperançados. Pensando num campo moral, isso poderia significar a morte de alguns, que escolhem a morte ao invés de uma vida indigna, a redução à vida nua, dá àqueles que permanecem a oportunidade de, não apenas "escolher", mas de decidir, ou seja, tomar para si a responsabilidade de sua própria vida, saber viver com essa decisão, e ainda assim, preferi-la a qualquer outra forma inferior. Mas, o que significa isso para Claudia, por Claudia, sobre Claudia, através de Claudia, em nome de Claudia? Teria sua morte alguma oportunidade para nós, ao se revelar a nós a "nudez" de sua própria vida, com o paradigma de qualquer vida? Tenho a tendência a ser pessimista, e responder "não", não é uma revelação, a possibilidade de reconhecimento moral, com o objetivo de fazer justiça à sua memória. Trata-se muito mais de um alerta, de uma "aviso de incêndio".

Urge, em revelia, a azáfama de uma atividade, uma ação que depende sempre de quem fica. Nem toda morte transforma-se em símbolo, nem todo símbolo alcançará uma bandeira. Faz-se necessário um trabalho de inscrição dessa morte no corpo político de seu tempo: o aparecer de uma imagem multifacetada do mundo, no qual "o materialismo político e a criatura física partilham entre si o homem interior, a psique, o indivíduo ou o que quer que seja que desejemos opor-lhes, segundo uma justiça dialética, de modo que nenhum dos seus membros deixe de ser despedaçado" (Benjamin, 2012, p.35). A abertura promovida por tal imagem seria espaço de "algo mais concreto: espaço de corpos". Isso permite um "movimento" de afastamento dos momentos épicos da história. A história dar-se-ia mais por um movimento *ínfimo*, dos corpos que se movimentam em "épocas", por "vidas", por "obras". Por trechos, essas partes das partes, que nos permitem visualizar materialmente aquilo que se perde num afastamento ou na aproximação do detalhe, e aprender e ensinar a saber lidar com isso, com a perda inenarrável, com o bocado de justiça possível, sempre incompleta, surgida nas imagens gravadas nos corpos desses que, como Claudia, são desfigurados e acabam, ocasionalmente, encarnando a resistência.

Referências
BENJAMIN, Walter. **Obras Escolhidas: magia e técnica, arte e política**. 8 ed. rev. São Paulo: Editora Brasiliense, 2012.
CORTÁZAR, Julio. **Os reis**. Rio de Janeiro: Civilização Brasileira, 2001.
EAGLETON, Terry. **O problema dos desconhecidos: um estudo de ética**. Rio de Janeiro: Civilização brasileira, 2010.
GAGNEBIN, Jeanne Marie. **Lembrar escrever esquecer**. 2 ed. São Paulo: Editora 34, 2009.
KAKFA, Franz. **O veredicto/Na colônia penal**. São Paulo: Companhia das Letras, 1998.
NIETZSCHE, Friedrich. **Genealogia da moral: uma polêmica**. 4 reimp. São Paulo: Companhia das Letras, 2009.

Jefferson Eduardo da Paz Barbosa

OBRA, ESTA ESPUMA

> A flauta de Dionísio não é só a alma do homem, é igualmente a sua morte: em cada som há um risco de ruptura.
>
> Maria Gabriela Llansol

Pode-se dizer de alguém, como se diz comumente depois de sua vida, que "teve uma obra". Significa que "fez", "construiu", "erigiu algo" de muito valor que lhe trouxe fama e beneficiou sua comunidade. A obra enriquece e dignifica os herdeiros, que tratarão de conservá-la segundo seus meios, para que dure além deles próprios, para que os torne mais seguros de si mesmos.O valor que essa obra possui não extraiu de si mesma, mas o mundo que lhe absorve, com sua medida, com os símbolos com que se representa e as certezas que lhe conferem realidade, a submeteu à sua avaliação. O círculo se fecha e a obra faz ressoar o que é humano. Mas se ela, nesses termos, falha, não é a humanidade que perece ou sofre alguma perda. Se a obra não se eleva à sua dignidade, é apenas ignorada. A obra feita é uma perspectiva do mundo – do outro.

No mundo, a realidade histórica, como se diz exaustivamente, imperam o poder e a ação, o trabalho e a política – categorias do humano em geral. A obra de arte abre uma dimensão onde essas categorias são estranhas, onde a imagem que elas erigem vê-se ameaçada, em risco. Dimensão próxima, talvez, da noite que Hegel atribuiu ao homem, a intimidade da natureza. Escuridão, noite terrível. Mas Hegel ainda se firma numa espécie de Eu-pessoal puro, uma interioridade no interior da noite. O oposto do mundo e das categorias do humano em geral é a noite sem interioridade. Generalidade anônima. Ser interioridade é estar separado dessa generalidade, é ser sujeito, ter um nome, escapar ao anonimato.

Quando a obra não está sob o abrigo da certeza e da medida, quando não se erige sobre uma instância que nos torne confiantes no agir e seguros, na ação, do que nela se consuma (sua dignidade perante o mundo), sobrevêm o desnudamento e o desamparo, um tempo vazio. Contrário ao tempo pleno, onde a forma – sua luminosidade – concede a segurança de uma decisão e a certeza de sua possibilidade, o tempo vazio é apenas a persistência do indeterminado e do que não pode anunciar nenhum futuro.

O futuro pertence à ordem do tempo devorador, da negação, mas o tempo, por isso mesmo, da verdade e do sentido, instaura a familiaridade do que continua. O outro tempo, o "tempo da exceção", que sustenta uma angústia sem termo, que secreta uma aflição mortificante, é o tempo da repetição, é o tempo do retorno e, por isso, da morte. Não é dialético. No tempo da exceção retorna o recomeço, repetição sem fim que é o chamado da morte.Ausência de êxito, fracasso sem apelação.

Apenas por um momento a obra sob o abrigo da certeza e da medida justifica seu direito de existir, pois o mundo que a abriga também possui suas justificações, as leis que o representam com eficácia. Quando a catástrofe recai sobre quem a escreveu, se percebe o quanto ela estava grávida de seu próprio esquecimento – então se inicia a tragédia. No desamparo mais extremo vindo por meio dessa catástrofe, a obra não é mais que espuma desfazendo-se sob a ação de um curso anônimo. Mas é nesse momento, nesse tempo da aflição e ansiedade no qual se contesta toda forma mesmo sem o amparo de uma linguagem feita, é nele que algo pode ser feito.

Esse ponto onde a obra verdadeira perde seu abrigo é o ponto onde falta a verdade, é a região do erro e da ausência que o poeta habita depois de se terem evadido de lá os deuses. Esse tempo de aflição, como na elegia de Hölderlin, tem o estigma da modernidade, período da história em que os deuses já se foram e ainda não vieram. Aflição ambígua, já que o poeta diz que essa ausência "ajuda-nos" e nos fortalece. É que ele terá de viver lá onde existe a ausência dos deuses, na noite do mundo, e lá sofrer o risco da pergunta que pede sua justificativa: "Para que servem os poetas?". Então a poesia será a intimidade desse desamparo e aflição. Mas ainda se vive essa aflição? Esperam-se os deuses? O terror da obscuridade anônima, da repetição incessante e da ausência de êxito ainda causa abatimento?

O tempo da exceção é o tempo da morte de Deus e, também, o tempo da demolição de sua casa – mais ainda, é a morte do homem, morte do humanismo. O acontecimento dessa morte se infiltra em todos os âmbitos e pede um pensamento novo, pede uma linguagem nova, bem como um modo de vida – impulso que estende ao infinito a profundidade do abismo que o suga. Na literatura, a queda do templo, a queda do museu-campo literário, pede uma resposta à questão que ela abre sobre o significado da escrita e da literatura.

O poeta Waly Salomão, numa passagem extraída de seu livro escrito em homenagem ao artista plástico Hélio Oiticica, escreve:

Escrever tateando como se experimentasse saber das coisas que não se sabia ainda que se sabia. Os materiais heteróclitos, multiformes, almejando um sentido esperto de forma. A passagem do caos ao cosmo e a rara capacidade de se esvaziar de novo e retraçar o caminho inverso, do cosmo ao caos. De modo que é o processo criativo total que é ativado impedindo o fetichismo coagulador da obra feita (Salomão, 2003, p. 17).

Artistas como Hélio Oiticica e Lygia Clark, para citar dois ícones entre nós, propunham concepções de obra e produção artísticas sensivelmente distintas das concepções clássicas com as quais nos habituamos por séculos. A história da arte nos ensina que o surgimento da vanguarda fez vacilar a ordem e os lugares, rejeitando a arte como representação, como tradução de outra coisa que não ela mesma.

A arte como representação, posta em seu lugar definido, instituiu a sua esfera autônoma, que caracteriza o mundo burguês. Podemos ver a arte de vanguarda como reação aos valores cristalizados por esse mundo, principalmente porque avanguarda esteve associada à revolução e à transformação pela práxis, enquanto que a vida burguesa solicitou da arte que ela fornecesse estabilidade à sua ruína iminente. Esse corte, o desejo de uma linguagem nova, não só expôs a arte à não arte (nesse caso, desmascarou o sustentáculo dessa oposição), como também fez de si mesma uma fala no vazio. A arte, abolidas suas regras, está ligada a um processo criativo total, no qual aquele ou aquela que a experimenta está exposto às transformações de seu movimento. A obra de arte caracterizada como algo inacabado, e cujo acabamento não é senão uma ilusão, está mais próxima da vida quando encarada como algo incerto e sem fundamentos seguros, alheia à exigência de realização – realização que lhe daria uma feição de obra.

Em termos semelhantes, Maurice Merleau-Ponty descreve o perfil do pensamento francês na primeira metade do século XX. A experiência do surrealismo (relativa à escrita automática) colocou o artista instalado na linguagem, ele a compreende de seu interior, em seu exercício, inseparável de seu corpo. A linguagem não é serva de significações, mas é o ato mesmo de significar, por isso é a extensão do corpo, tal como são os seus membros. Não somos senhores do nosso próprio corpo. Com o escritor dá-se o mesmo com relação à linguagem. O que chamamos de obra é um processo que avança arriscadamente degrau por degrau. Como diz Merleau-Ponty, o escritor é um profissional da insegurança (Merleau-Ponty, 1991, p. 263). Ao desembaraçar-se do ideal objetivista, responsável pela separação entre espírito e corpo, os artistas se libertam da ilusão da obra terminada.

Maurice Blanchot insistiu na profundidade desse tema e concebeu a obra como algo alheio à realização. O escritor é alguém que se perde. As palavras não são mais que sua liberdade e aderem à sua não aderência ao ser – ao erro. Errância que põe em causa o escritor como sujeito, levado pela própria linguagem que lhe ensina o seu pensamento. Alheia à realização como termo, como realização da obra humana; alheia aos valores do humanismo. A arte volta-se para sua essência – pintura pura, poesia pura, música pura – numa pesquisa rigorosa, sem receitas, que deseja realizar-se numa obra, mas numa obra que seja, numa obra alheia às exigências da história (Blanchot, 2011, p. 240).

O trabalho que Blanchot dedicou à literatura, e ao silêncio que lhe é próprio, se mantém um pouco à margem dos estudos crítico literários. Isso se deve, talvez, por ele ter recusado as perspectivas formalistas, biografistas, sociológicas, entre outras, como narrativas explicativas do fenômeno literário. Devido também à sua linguagem taxada, por alguns, de "obscurantista". Sua abordagem da literatura está longe de considerar a compreensão de padrões, invariantes, condições históricas e sociais. Sua interrogação vai em direção à experiência do escrever, para o ato que a inaugura. Podemos dizer que seus primeiros livros, *Falsos passos*, *A parte do fogo*, *O espaço literário* e *O livro por vir*, lançam e relançam a questão da literatura e sua origem.

Optar por esse direcionamento, aberto por Blanchot, provoca deslocamentos importantes no interior da instituição das letras e sua prática crítica e teórica. Primeiro, abordar a escrita nos permite desviar o foco dos conceitos fundamentais que sustentam a crítica e a teoria tradicionais (estruturalismo, psicanálise, semiótica etc.). Segundo, pensar a escrita e sua relação com a experiência possui um desdobramento ético que devemos considerar. Coloquemos, agora, algumas ideias de Blanchot que envolvem a escrita e pensemos a partir delas.

Mallarmé diz que o poema é, ao mesmo tempo, o resultado de um trabalho rigoroso e um fragmento, estilhaço sob o qual permanece um desejo impossível – nada, espuma. É nisso que Blanchot se inspira em sua noção de obra – ainda que sua relação com Mallarmé não seja pacífica.

Mas sabemos que obra tem outros significados, e que os herdamos da tradição. Que significados?

Em primeiro lugar, a obra é encarada como obra humana em geral, concepção sustentada pelo humanismo. Essa concepção rejeita que a obra seja identificada a uma paixão inútil. Pelo contrário, corresponde a uma capacidade humana de edificar, de instaurar no mundo, na história, a liberdade do homem. A obra como edifício resultante da ação do homem na história, tendo como fim a instauração da sua liberdade real, articula-se com a dialética hegeliana (ponto importante no diálogo com Blanchot). Essa visão dialética encerra que, como diz Alexandre Kojéve, "O homem só é movimento dialético ou histórico porque vive em função do futuro, que se apresenta para ele sob a forma de um projeto ou de um objetivo a realizar pela ação negadora do dado, e porque ele só é real como homem na medida em que ele se cria por essa ação como uma obra" (Kojéve, 2002, p. 498).

Em segundo lugar, obra também pode significar uma categoria que confere unidade a uma série de elementos. Essa força de agregação, de preensão, corresponde a uma interpretação do ser como consistência, como poder que deriva de sua unidade e identidade – como aquilo que extrai seu valor da permanência, da definitude. A obra, além de indicar sua permanência e acabamento, indica alguém que a produziu: o autor (o pai proprietário), individualidade, na linguagem de Hegel, em-si e para-si que busca efetividade numa obra que a exprima.

A obra faz parte de uma sequência de conceitos fortes que estabelecem para a literatura uma legalidade na relação de propriedade entre o autor e sua obra, bem como o autor e sua filiação. O autor como uma realidade objetiva por trás da obra não faz mais que alimentar o sonho metafísico da substância, do sujeito. Foi graças a esse sonho que se elaborou sucessivamente métodos rigorosos, inspirados no rigor da ciência (como o estruturalismo), de análise literária. Desvincular da obra o seu autor é o primeiro passo na descrição da obra por ela mesma. Podemos ler em Blanchot:

> A obra de arte não remete imediatamente a alguém que a teria feito. Quando ignoramos todas as circunstâncias que a prepararam, desde a história de sua criação até ao nome daquele que a tornou possível, é justamente quando ela mais se aproxima de si mesma. Está aí sua verdadeira direção (Blanchot, 2011, p. 240).

A noção de obra em Blanchot não se articula com nenhum desses significados que refletem a história da metafísica. Antes de ser uma coisa (um livro), a obra é um movimento. Um movimento nunca consumado, sempre ansioso, que tem por fundo um "murmúrio incessante", algo que está sempre vindo e não pode ser medido. Inominável, anônimo. Algo que graças a essa desmedida arruína a estabilidade dos sentidos, a estabilidade do mundo, sendo impossível nos apropriarmos desse movimento, de fazê-lo trabalhar na cidade dos fins, investido de alguma utilidade.

Façamos uma distinção em três pontos. Primeiro, a obra não é uma coisa, é um movimento, uma busca ansiosa que o livro, entregue ao mundo, dissimula; movimento que não acaba, nem começa, mas que é recomeço; não possui definição nem permanência, não possui verdade – já é sempre errância, tateio. Segundo, por não ter definição, a obra é o que não tem nome, é o que está aquém da partilha feita pelos debates tumultuosos da crítica; não há prosa, nem poesia; não há gêneros, nem mesmo literatura, mas uma escrita que é busca, que é experiência que inaugura uma linguagem. Terceiro, o autor não é a instância segura e confiável que dá origem à obra; o autor se protege nos livros, na crítica, na teoria; aquele que escreve, que entrou no movimento da obra, não está seguro, não tem apoio na verdade do mundo; sua fala, sem entendimento, é o murmúrio do que não para de vir, pois o que vem sempre o pega desprevenido, de surpresa, muda sua vida e sua linguagem (catástrofe); a obra exige que o escritor se torne outro, não outra persona, além do vivente com seus deveres (que seria cômico), mas que se torne ninguém, lugar vazio e animado onde ressoa o apelo da obra (é o trágico).

Este último ponto, o da dissolução do eu, corresponde a uma experiência da linguagem essencial no pensamento blanchotiano: a linguagem como fluxo sem origem. Quem é que fala na obra? É o sujeito? A alma? Um ponto substancial que sendo exterior à linguagem vem falar nela? As vozes sonham no imenso vazio, ponto onde a linguagem se dispersa sem limites. Não poderíamos descrever isso melhor que Michel Foucault:

"Eu falo", de fato, se refere a um discurso que, oferecendo-lhe um objeto, serve-lhe de suporte. Ora, esse discurso falta: o "eu falo" só instala sua soberania na ausência de qualquer outra linguagem: o discurso de que eu falo não preexiste à nudez enunciada no momento em que digo "eu falo"; e desaparece no próprio instante em que me calo. Toda possibilidade de linguagem é aqui dessecada pela transitividade em que ela se realiza. O deserto a circunda. Em que extrema delicadeza, em que agudeza singular e sutil se recolheria uma linguagem que quisesse se refazer na forma despojada do "eu falo"? A menos justamente que o vazio em que se manifesta a debilidade sem conteúdo do "eu falo" seja uma abertura absoluta por onde a linguagem pode se expandir infinitamente, enquanto o sujeito – o "eu" que fala – se despedaça, se dispersa e se espalha até desaparecer nesse espaço nu (Foucault, 2009, p. 220).

O eu se despedaça, é falado pela escritura continuamente reescrita de outras vozes, de outros mestres que nunca se calam, para usar uma imagem de Samuel Beckett, e que só poderíamos falar no momento em que os fizéssemos calar. Daí o desejo de origem, de começo, de falar a partir do ponto zero, do silêncio, de uma instância desamparada e sem linguagem feita, na ignorância de haja algo como as Letras.

Por isso que o evento singular que é a obra, sendo o volume impersonificado, ponto de expansão, não pertence à realização, não tem a ver com o domínio do artista sobre uma matéria. Os objetos fabricáveis são tomados como finitos. Para o artista, a obra é infinita, irrealizável. É alheia às tarefas limitadas e cotidianas que se erigem sobre a certeza, a clareza, a estabilidade. Isso é repetido em abundância. É importante destacar que a ausência dessas noções não é tomada como privação – como privação da possibilidade no mundo – mas como afirmação, afirmação do que não tem poder, do que até nos enfraquece.

Se pensarmos dessa maneira, a literatura (e a experiência que se dá no espaço que lhe é próprio), é uma atividade reservada, no sentido de que recusa, no extremo, a publicação, recusa a queda no burburinho da publicidade. Como diz Blanchot, resta à literatura ou realizar-se fora das obras medidas e das tarefas limitadas, no movimento sem medida da vida, ou, então, retirar-se para o mais invisível e mais interior, onde reside sua soberania e a superabundância da recusa. Escreve Blanchot: "Mas a obra nada mais é, então, do que a ação dessa reserva, ação puramente reservada, inatuante, pura e simples reticência em relação à tarefa histórica que não quer a reserva mas a participação imediata, ativa e ordenada, na ação geral" (Blanchot, 2011, p. 232).

Essa é uma resposta ao lugar que nosso tempo reservou à arte. Resposta dirigida a Hegel – mas também a Jean-Paul Sartre, quando põe em causa o vinculo entre literatura e ação. Sem nos aprofundarmos, a filosofia de Hegel nos diz a seguinte situação: o espírito (a inteligência que nos anima) se manifesta sob várias formas ao longo da história até realizar-se em-si e para-si, isto é, até realizar-se como mundo concreto, superando a consciência e a razão abstratas. Ora, a religião e a arte foram, durante algum tempo na história da humanidade, os modos pelos quais o espírito foi representado. Mas a tese hegeliana é que o espírito, no mundo moderno, não tem mais necessidade da forma da arte ou do sentimento religioso. A Ideia, como afirma no *Curso de Estética*, possui uma existência mais profunda e não se conforma à expressão sensível. O que importa em nosso tempo, devido à complexidade da vida social e política, são as determinações abstratas, os conceitos – pois são mais úteis para a realização do mundo. As leis são mais adequadas para representar o espírito. O que importa é o universal, onde todos contam por um. Toda essa situação histórica e filosófica fez com que o esplendor da arte tenha ficado no passado.

Blanchot não ignora as teses de Hegel – ainda que declare sua insuficiência. Parece que, de fato, a arte só esteve próxima do absoluto no passado e que hoje só tem poder e valor no Museu ou, o que é pior, tornou-se simples prazer estético e auxiliar no serviço da cultura. No entanto, todo o trabalho de Blanchot mostra que devemos ir mais longe. Ele se pergunta por que a arte, ainda que os tempos exijam a justificação de sua importância, parece exprimir algo essencial, uma paixão pelo absoluto, uma afirmação que não se esgota inteiramente na obra de arte.

Em alguns escritores a realização é alheia a qualquer disposição oriunda do mundo da técnica. São escritores que parecem buscar algo anterior à essência do nosso tempo. O desejo de realização parece contradizer o desejo de retirada para o mais interior. Mas temos que observar nisso a ambiguidade que é necessária a essa relação. A obra de arte não esgota o que nela se afirma, mas dissimula a atração por uma busca que não se completa – busca impulsionada por uma recusa soberana que põe tudo em causa. Desmedida que é figurada na descida de Orfeu em busca de Eurídice. Essa busca, cuja desmedida talvez não possamos compreender, é o que Blanchot, em certo momento, chamou de contestação.

A contestação que experimentamos em algumas obras e artistas, põe à luz do dia o quanto as mais diversas formas da arte, os mais diversos gêneros da literatura, tão úteis para os departamentos e linhas de pesquisa, não são o que nelas há de mais essencial. Certamente, somos tentados a responder a questão dessa essência, que não cessa de ser reenviada. O que teremos, no máximo, diz Blanchot, é uma resposta indireta e dissimulada na obra de arte.

O mito de Orfeu e Eurídice – lido como uma alegoria – tem um lugar privilegiado na figuração do que seja a obra e o espaço que lhe é próprio. Orfeu descendo aos infernos em busca de Eurídice é a obra seguindo em direção ao ponto onde ela se torna impossível, pois o encontro com Eurídice é nocivo à obra como claridade, forma e realidade. A obra de Orfeu é levar Eurídice à luz do dia, sob a restrição de não voltar seu rosto para ela. A noite anônima e sem Deus, região do extravio, é nociva à obra como claridade da forma. Cumpre a Orfeu desviar do rosto de Eurídice, desviar da noite. Mas o mito culmina na imprudência de Orfeu – culpado de impaciência. Se olhar para Eurídice era uma traição, não olhá-la não seria menor infidelidade. É que Orfeu não quer Eurídice apenas em seu canto, em seu acordo com o mundo. Movimento contraditório, a obra de Orfeurequer Eurídice perdida, tem nela seu ponto de atração e dependência. Escreve Blanchot: "A obra não é a unidade amortecida de um repouso. É a intimidade e a violência de movimentos contrários que nunca se conciliam e não se apaziguam enquanto, pelo menos, a obra é obra" (Blanchot, 2011, p. 246). A obra é o canto de Orfeu e, ao mesmo tempo, a potência que o dilacera.

Orfeu dilacerado na noite do extravio. Hölderlin diz que os poetas são os sacerdotes de Baco que atravessam a "noite sagrada". O canto de Orfeu, enquanto vem à luz do dia, dissimula a potência que o dilacera e que é a sua "verdade". Certamente não estamos muito longe do drama entre Apolo e Dioniso posto em cena por Nietzsche. O dionisíaco é o arrebatamento extático, a contestação do *principium individuationis*. Se o apolíneo proporciona à arte a bela aparência, o dionisíaco é a desmedida que a desmascara – triunfo do trágico. A arte é embriaguez e dispersão, mas é também forma. Isso não quer dizer que essas forças trabalhem juntas e em equilíbrio. Se é verdade que Dionísio fala a linguagem de Apolo, a meta da arte é falar a linguagem de Dionísio.

O que resta de importante para nós nessa abordagem das ideias de Blanchot? Que isso que designamos por arte ou literatura não possui, como gostaríamos, fronteiras e delimitações rígidas ou necessárias. Que esse movimento de contestação infinita ignora orientações ou preceitos estéticos.

Mallarmé, cujos poemas parecem resultar de uma reflexão sem precedentes sobre a linguagem, indo até o fundo na sondagem do verso, encurralado entre o nada e a ausência de Deus, concebeu a linguagem como espaço de relações, onde as palavras afastam-se umas das outras. O poema leva em conta o espaçamento, o vazio, a página branca e suas margens, pontos por onde passa o sentido – por onde também se escoa. A escrita mallarmeana, o rompimento do verso, abre o espaço para muitas escritas de vanguarda. Os irmãos Haroldo e Augusto de Campos, juntamente com Décio Pignatari, fundam a revista *Noigrandes*, que inaugura o movimento concretista. A poesia concreta é definida como *verbovocovisual*, numa expansão de recursos de linguagem e de suporte. É a partir disso que se fala muitas vezes em escritas performáticas, aquelas nas quais não importam os limites e as fronteiras convencionais entre as artes, mas uma abertura que permite pensá-las diante das várias linguagens, mídias e suportes que atravessam as relações entre realidade e ficção. O que importa é o processo criativo total.

O romance, por exemplo, atingiu uma forma que se pode caracterizar pela dispersão, pela fragmentação ou fractalidade, como se costuma dizer; pode-se pensar que por isso é mais livre, que não repete nenhuma linguagem regrada. É livre porque a quebra das regras o permitiu utilizar uma quantidade inúmera de linguagens disponíveis de regiões heterogêneas da cultura. É livre não só porque pode utilizá-las – isso se faz há muito tempo –, mas porque pode misturá-las à vontade e obter efeitos inesperados. Para Blanchot, essa liberdade que dispõe de tudo fica no final com muito pouco. A dispersão, essencial à literatura, apenas nos aproxima dela, do único ponto em que ela consiste – o ponto vazio que a sustenta.

O que está em jogo, talvez, é o enfraquecimento de um estilo de pensar que caracteriza todo o ocidente. Toda linguagem nova vem de uma distância, de um erro essencial que ignora o êxito ou o sucesso, mas que "é" simplesmente. Uma metáfora viva (para usar uma expressão de Paul Ricoeur) é essa voz que vem de fora, modifica nossa linguagem e até nossos gestos. Se a banimos por destoar das nossas metáforas mortas, apenas repetimos esse estilo de pensar e agimos como se soubéssemos o que queremos e o que esperamos, como se já tivéssemos toda a linguagem à nossa disposição. O pensamento de Blanchot nos autoriza essa leitura política. Escreve Eduardo Pellejero:

> As teses ontológicas de Blanchot nos autorizam [...] uma leitura política: o destino aberto, irresoluto, trágico da literatura, lembra-nos das limitações de qualquer ação histórica e de qualquer projeto político para colmatar as aspirações humanas. Irredutível à lógica dos meios para os fins, da conservação da vida e dos projetos que abrem o presente ao futuro, a literatura é signo de uma parte do homem que recobrem as suas determinações mundanas. A literatura não possui verdade alguma, mas a sua forma abre-nos a essa verdade sobre nós mesmos: o mundo no qual vivemos não esgota o sentido da nossa existência (Pellejero, 2014, p. 53).

Quanto mais nos aproximamos das manifestações culturais, tendemos a nos distanciar de Blanchot e da questão da literatura. Mas para ele a cultura não é pouca coisa e a literatura sempre cai em suas malhas (Blanchot, 1976, p. 64). Que a literatura não se paute mais por nenhum modelo e que a linguagem não tenha sido feita para abrigar todos os nossos desejos, afirma em seu conjunto que a escrita sempre vai assumir novas formas. Inclusive formas estranhas à escrita como prática individual – para citar o caso da escrita colaborativa.

Reinaldo Laddaga, que não ignora as teses de Blanchot sobre a relação entre o escritor e sua obra, menciona em seu livro *Estética de la emergência* alguns casos de escrita e arte colaborativa, além da situação da arte no mundo globalizado. A escrita colaborativa como forma de compor uma narrativa coletiva, uma trama de acontecimentos sociais referentes à política, como é o caso do grupo de escritores italianos Wu Ming, é uma forma de protestar. Negar os fatos isolados, mas tomá-los em conexão com outros no tecido fictício da escrita é um empreendimento aberto à colaboração do grupo. Laddaga observa um apelo insistente à colaboração na arte. Isso talvez seja uma resposta ao tempo da exceção, talvez seja uma forma de trabalhar o tempo e dar significado ao trabalho coletivo.

Escrever no tempo da aflição, que é o tempo da catástrofe que não cessa de advir à nossa linguagem, é fazer da escrita uma forma superior de escuta. Um modo de não ficar surdo ao apelo singular e infatigável.

Referências

BLANCHOT, Maurice. **O espaço literário**. Trad.: Álvaro Cabral. Rio de Janeiro: Rocco, 2011.

BLANCHOT, Maurice. **La risa de los dioses**. Madrid: Taurus, 1976.

BLANCHOT, Maurice. **A parte do fogo**. Trad.: Ana Maria Scherer. Rio de Janeiro: Rocco, 2011.

BLANCHOT, Maurice. **O livro por vir**. Trad.: Leyla Perrone-Moises. São Paulo: Martins Fontes, 2005.

FOUCAULT, Michel. 'O pensamento do exterior'. Em: **Ditos e escritos III**. Trad.: Inês Autran Dourado. Rio de Janeiro: Forense Universitária, 2009.

HEGEL, G. W. F. **Curso de estética: o belo na arte**. Trad.: Orlando Vitorino e Álvaro Ribeiro. São Paulo: Martins Fontes, 2009.

KOJÉVE, Alexandre. **Introdução à leitura de Hegel**. Trad.: Estela dos Santos Abreu. São Paulo: Contraponto, 2002.

LADDAGA, Reinaldo. **Estética de la emergencia**. Buenos Aires: Adriana Hidalgo, 2006.

LLANSOL, Maria Gabriela. **Finita: Diário II**. Belo Horizonte: Autêntica, 2011.

MERLEAU-PONTY, Maurice. 'O homem e a adversidade'. Em: **Signos**. Trad.: Paulo Azevedo Neves da Silva. São Paulo: Martins Fontes, 1991, p. 263.

NIETZSCHE, Friedrich. **O nascimento da tragédia**. Trad.: J. Guinsburg. São Paulo: Companhia das Letras, 1996.

PELLEJERO, Eduardo. 'Por que alguém se fecha num quarto para escrever? A literatura como questão essencial no trabalho crítico de Maurice Blanchot'. Em: **Revista Moara**, n.41, p.47-58. Belém: jan./jun. 2014.

SALOMÃO, Waly. **Hélio Oiticica: Qual o parangolé**. Rio de Janeiro: Rocco, 2003.

SARTRE, Jean-Paul. **Que é a literatura?** Trad.: Carlos Felipe Moises. São Paulo: Ática, 2004.

Cyro Roberto de Melo Nascimento

MEMÓRIA DA DITADURA E NARRATIVA LITERÁRIA EM *GAROPABA MON AMOUR* DE CAIO FERNANDO ABREU

A obra do escritor Caio Fernando Abreu pode ser lida como um relato do momento histórico em que foi produzida. Em muitos de seus contos há clara referência a acontecimentos históricos ligados à Ditadura Militar e à abertura política brasileira.

No conto *Garopaba mon amour*, encontramos a narrativa de uma experiência de tortura aplicada a um grupo de jovens presos pela polícia em uma praia, nos anos 1970. Ao buscarmos a biografia do autor, tomamos conhecimento que ele viveu uma experiência similar durante o regime ditatorial. Assim, verificada uma relação entre a biografia do autor e seu texto, buscamos pensar como a narrativa literária pode recuperar a memória dos sujeitos quanto a sua resistência ao regime autoritário, revelando-se a escrita literária tão válida quanto a escrita jornalística ou o testemunho oral das vítimas para a construção dessas memórias como bens do debate público.

Publicado em 1977, no volume de contos *Pedras de Calcutá*, *Garopaba mon amour* narra, em terceira pessoa, a experiência de um grupo de amigos que acampam na praia de Garopaba, em Santa Catarina. A harmonia é interrompida por homens armados que procuravam uma personagem não nomeada: "Soube então que procuravam por ele. E não se moveu." (Abreu, 2007, p. 95). Durante a narrativa se entremeiam cenas de tortura e imagens idílicas ligadas à praia como um espaço de refúgio. Como vemos ao final do primeiro parágrafo:

> Pela manhã, sentaram sobre a rocha mais alta, cruzaram as pernas, respiraram sete vezes, profundamente, e pediram nada para o mar batendo na areia.
> – Conta.
> – Não sei.
> (Tapa no ouvido direito.)
> – Conta.
> – Não sei.
> (Soco no estômago.) (ib. id.).

A meditação em grupo num espaço quer remete à paz e à tranquilidade é quebrada pela chegada dos intrusos. A narrativa ao se fragmentar, intercalando momentos de leveza e momentos de tensão, acaba por revelar a constante ameaça que sofriam aqueles que, durante a década de 1970, optavam por adotar valores distantes dos identificados com o regime autoritário brasileiro. A onipresença da repressão ditatorial vaza na narrativa, mesmo em momentos aparentemente inofensivos, como quando, ainda na segunda frase, descreve-se a chegada de outros grupos ao acampamento na praia: "Durante a noite, o vento sacudia a lona da barraca, podiam ouvir os gritos dos outros, as estacas de metal violando a terra." (Abreu, 2007, p. 95). Assim, a simples chegada de outras pessoas ao acampamento, os gritos que poderíamos pressupor de alegria e o ritual de instalar as barracas ganham na narrativa também um significado soturno ao serem associadas a gritos que, adiante, serão de dor diante da tortura. Também a fixação das estacas das barracas na terra remete a um ato de violação ao perfurarem-na com seu metal.

A frase seguinte é outro exemplo de fragmentação narrativa, ao suprimir sinais de pontuação como forma de representar a desordem causada pelo grupo na praia. Ela permite ao leitor deduzir o tempo histórico em que se passa a narrativa e um conjunto de valores da juventude da época:

> O chão amanheceu juncado de latas de cerveja copos de plástico papéis amassados pontas de cigarro seringas manchadas de sangue latas de conserva ampolas vazias vidros de óleo de bronzear bagas bolsas de couro fotonovelas tamancos ortopédicos. (Abreu, 2007, p 95).

Os textos de Caio Fernando Abreu raramente explicitam o tempo em que se passam, poucas vezes aparecem datas e mesmo o espaço das narrativas não recebe uma descrição minuciosa. Contudo, o empenho dos contos em apresentar signos característicos da época em que foram escritos permite ao leitor recuperar o tempo narrativo e associá-lo ao tempo histórico. Assim, o uso livre de drogas e álcool remete às experiências da juventude dos anos 1960 e 1970, especialmente uma parcela identificada com a contracultura, que aqui entendemos como um conjunto de valores associados ao sexo livre, a expansão da consciência por meio das drogas, cultura *hippie* e religiosidade esotérica. Mesmo as bolsas de couro aparecem como símbolo dessa época, já que eram usadas por jovens que se diziam *hippies*.

Ainda que esses valores possam soar, num primeiro momento, como apolíticos ou não engajados, para usar um termo da época, a postura contracultural dessa juventude representada no conto iria ser perseguida pelo regime ditatorial, que, em 1970, deflagra "uma campanha rigorosa contra os jovens de colar no pescoço e cabelos compridos" como reportado na revista *Veja* de 04 de março daquele ano, em matéria citada por Claudio Novaes Pinto Coelho (2005, p. 41). Inclusive, Caio Fernando Abreu trabalhara na revista *Veja*, tendo participado de sua primeira equipe. A contratação do escritor motivou sua mudança de Porto Alegre para São Paulo, aos vinte anos de idade. Pouco tempo depois, um colega de redação informa que alguém do Departamento de Ordem Política e Social, o DOPS, havia ligado a sua procura. Preocupado com a perseguição que poderia sofrer, refugia-se no sítio da escritora Hilda Hilst em Campinas, conhecido como *A casa do sol*, e posteriormente retorna à casa dos pais, que já estavam morando em Porto Alegre.

O episódio real que ensejou a narrativa de *Garopaba mon amour* dá-se apenas em 1975, quando o autor já tinha voltado de uma temporada de dois anos como lavador de pratos e faxineiro na Europa. Entre o conto e os fatos reais a que remete há várias divergências. Por exemplo, Caio foi preso não na areia da praia, mas na área urbana enquanto ia à padaria com a amiga Graça Medeiros, procurada por sua militância política. Também o conto se refere a um coronel que assistia a sessão de tortura, enquanto na vida real o responsável pela prisão foi o delegado Elói Gonçalves, que um ano depois prenderia Gilberto Gil por porte de maconha, em Florianópolis. O cantor, assim como Graça Medeiros, seria condenado a tratamento em uma clínica psiquiátrica.

A *loucura* atribuída pela Ditadura aos jovens *hippies* ou que usavam drogas se revelaria uma eficaz forma de controle, condenando pessoas saudáveis do ponto de vista da psiquiatria convencional a tratamentos humilhantes como a ingestão excessiva de psicotrópicos e choques elétricos. Esses mesmos choques estão presentes no conto, na sessão de tortura à qual a personagem principal é submetida. Ironicamente, no fio elétrico está dependurada a bandeira do Brasil, jogada para um canto enquanto o torturador o desencapa com cuidado. Talvez a junção do fio com o símbolo nacional explicite o quanto a tortura e a falta de liberdade representavam a nação naquele tempo.

Essa loucura compulsoriamente imposta pelo regime militar acabaria sendo incorporada como valor pela geração contracultural brasileira, na esteira de seu interesse pela psicanálise, pelas discussões sobre antipsiquiatria e pela tentativa de se opor a uma racionalidade conservadora que marcava o regime dominante. Essa loucura contracultural estava presente em letras de músicas como *Balada do louco* da banda Os Mutantes e *Maluco beleza* de Raul Seixas e Cláudio Roberto. Estava presente também em *Uma história de borboletas*, narrativa seguinte a *Garopaba mon amour* no mesmo volume de contos. Nela, um casal homossexual é acometido pela loucura, o que marca o fim de seu relacionamento. Da impossibilidade do amor livre em tempos de repressão nasce a fuga do real como alternativa possível e a adesão a outra racionalidade, avessa aos discursos normatizadores da ala conservadora da sociedade. Ao casal oprimido restava apenas ver-se internado num hospital psiquiátrico e criar para si um código único de comunicação, a visão de borboletas que saíam de suas cabeças e que só eles podiam ver.

Se nas artes, a loucura poderia ser vista como uma forma de resistência, na vida real sua inviabilidade enquanto política se revelava no drama real que vários artistas identificados com a contracultura enfrentavam. Um exemplo disso é a história do escritor piauiense Torquato Neto. Retomando o sociólogo Claudio Novaes Pinto Coelho, a loucura na obra do piauiense aparece "ora como algo atribuído pelo outro com finalidade de repressão e controle, ora como uma forma de libertação, ora como uma situação que precisa ser superada para se poder sobreviver" (2005, p. 43). Dessa forma, enquanto o escritor Torquato Neto defendia a loucura como forma de resistência à racionalização da sociedade, o paciente psiquiátrico Torquato Neto lutava contra a destruição que a doença lhe causava em suas internações hospitalares.

Assim, a loucura poderia soar como um valor questionável no discurso contracultural, já que a doença diagnosticada era algo que se buscava curar. Contudo, para o regime ditatorial revelava-se oportuno rotular e punir como loucos aqueles que dele divergiam. Acuado pela escolha entre loucura e racionalidade autoritária, Torquato suicida-se, deixando uma obra que seria lida com paixão pelos colegas de geração.

O regime autoritário se oporia também a outras bandeiras da juventude, como vemos no seguinte excerto de *Garopaba mon amour*:

> Pedir o quê, agora, Mar? Se para sempre teremos medo. Da dor física, tapa na cara, fio no nervo exposto do dente. Meu corpo vai

ficar marcado pelo roxo das pancadas, não pelo roxo dos teus dentes em minha carne.
– Repete comigo: eu sou um veado imundo.
– Não.
(Tapa no ouvido direito.)
– Repete comigo: eu sou um maconheiro sujo.
– Não.
(Tapa no ouvido esquerdo.)
– Repete comigo: eu sou um filho-da-puta.
–Não.
(Soco no estômago.) (Abreu, 2007, p. 98-99).

Note-se a menção ao homoerotismo nessa passagem, a personagem, chamada de veado por seu agressor, esperava ter sua pele marcada pelos dentes de Mar, sujeito a que direciona seu desejo e podemos pressupor homem pela insistência do torturador em referir-se à homossexualidade. Contudo as marcas na pele não seriam as da realização do desejo, mas as da violência.

Novamente a narrativa é interrompida para registrar a tortura. Mas agora não se bate para descobrir algo relacionado à militância política, mas para humilhar a vítima e menosprezar seus valores. Os sujeitos que defendiam o sexo livre viam-se reduzidos a veados imundos, os jovens que buscavam a expansão da mente por meio das drogas tornavam-se maconheiros imundos e as mulheres que buscavam emancipação eram vistas como putas. Temos dois discursos em conflito, o discurso da juventude que buscava mudanças políticas e culturais oposto a um discurso conservador e dominante. À vítima torturada restava apenas resistir com sua única arma, dizer não ao discurso dominante enquanto sua voz minoritária era suprimida por tapas e socos.

Várias vezes a narrativa recorrerá ao discurso indireto livre para representar as vozes de torturado e torturador, ilustrando a situação de tensão e confusão da consciência da vítima que nos relata sua experiência, mas construída como memória turva, abalada pela fragilidade física diante dos golpes e choques elétricos:

Pouca-vergonha, [...] tenho pena de você. Pouca-vergonha é fome, é doença, é miséria, é a sujeira deste lugar, pouca-vergonha é falta de liberdade e a estupidez de vocês. Pena tenho eu de você, que

precisa se sujeitar a esse emprego imundo: eu sou um ser humano
decente e você é um verme. Revoltadinha a bicha. Veja como se
defende bem. [...] Se me entregar direitinho o serviço, você está
livre agora mesmo. Entregar o quê? Entregar quem? Os nomes,
quero os nomes. Confessa.[...] Quem sabe uns choquezinhos pra
avivar a memória? (Abreu, 2007, p. 98)

A supressão de marcas textuais como travessões não leva obviamente à
aproximação entre discurso de vítima e algoz, o que vemos aqui é a
representação literária de uma situação extrema, em que a supressão de
convenções gramaticais para marcar a mudança de enunciador cria uma
narrativa caótica, simulando a tensão vivida pelo torturado e denunciando o
absurdo da violência ditatorial.

Temos assim, a reconstrução da história por meio da literatura, em que
fatos da vida real são por ela representados a partir de seus recursos
formais. O social é transportado para a dimensão textual e, uma vez
mimetizado, revela-se como denúncia, transformando a literatura num
campo de resistência tão válido quanto o testemunho oral ou a escrita
jornalística.

Note-se aqui a peculiaridade da obra de Caio Fernando Abreu em relação
ao momento histórico em que ela é produzida. Inicialmente, suas narrativas
permitem a referência à homossexualidade em pleno regime militar, seja de
forma depreciativa, como em *Garopaba mon amour*, seja na representação
de um casal gay e o registro de seu afeto como no já citado *Uma história de
borboletas*. Note-se inclusive que o final da narrativa, em que as
personagens são internadas juntas e compartilham a visão de borboletas,
pode ser interpretado como uma forma de resistência de seu desejo frente à
sociedade autoritária.

Essa possibilidade de representação do homoerotismo coincide com a
emergência de uma homotextualidade no Brasil, especialmente após 1967,
ano em que Gasparino da Mata organiza a primeira coletânea de textos que
abordam a temática, não por acaso intitulada *Histórias do amor maldito*.
Segundo Denilson Lopes, a partir daí dá-se a representação literária do
tema fora de um aspecto naturalista que o marcava desde fins do século
XIX, passando pelos contos e crônicas de Nelson Rodrigues até tornar-se
comum a abordagem do tema fora do discurso tradicional.

A literatura de Caio certamente se beneficia dessa emergência, mas num
ritmo progressivo, desde referências implícitas no volume de 1970,

Inventário do ir-remediável, passando pelas alegorias de *O ovo apunhalado*, lançado em 1975, até chegar às referências mais explícitas da coletânea *Pedras de Calcutá*, como se pode ver em *Uma história de borboletas* ou *Caçada*, por exemplo, nesse trecho: "Inundado no banheiro, a loura travestida masturbando o negro alto de âncora dourada no blazer..." (Abreu, 2007, p. 71). Certamente essa progressiva liberdade na representação do tema coincide com o lento processo de abertura política brasileira, iniciado pelo governo de Ernesto Geisel, presidente do Brasil entre 1974 e 1979.

Não à toa, Caio Fernando Abreu lançaria sua principal obra, *Morangos Mofados*, em 1982, mas que já estava escrita desde 1979, volume de contos em que se ocupa a pensar a trajetória de sua geração, falando abertamente da experiência contracultural.

Outra explicação possível para que tais contos fossem publicados em plena Ditadura é a de que a literatura, devido a seu menor alcance de público, teria sido menos perseguida que as outras formas de expressão artística. De fato, podemos pensar a repercussão da literatura como menor que a da música popular, propagada na televisão pelos festivais da canção, ou do cinema nacional e seus grandes sucessos de púbico na década de 1970.

Contudo, essa *perseguição menor* sofrida pela literatura não implicava em não censura dos textos. Pelo contrário, mesmo durante a chamada abertura política diversos livros seriam censurados, como *Zero* de Ignácio de Loyola Brandão, escrito em 1969, publicado em 1974 na Itália, e somente no ano seguinte no país, para ser retirado de mercado e liberado quatro anos depois.

Um exemplo mais inusitado é o de Renato Tapajós, cujo livro *Em camêra lenta*, que relatava a experiência da guerrilha, foi liberado pela censura federal e vendido em livrarias, enquanto o autor era preso pela polícia de São Paulo, em 1977. Já Aguinaldo Silva veria seu volume *Dez histórias imorais* ser censurado em 1976, nove anos após sua publicação.

Os critérios pouco claros da censura também alcançariam a obra de Caio Fernando Abreu. Órgãos públicos como o Serviço Nacional de Teatro e o Instituto Estadual do Livro do Rio Grande do Sul premiariam obras que posteriormente seriam proibidas, como a peça *Pode ser que seja só o leiteiro lá fora* e três contos do volume *O ovo apunhalado* (1975). Diante desse cenário de incerteza, o autor chegou mesmo a excluir da obra contos que considerava aptos à censura, ao tempo em que outros que faziam menção à Ditadura ou à homossexualidade foram publicados, como *Óasis* ou *Eles*. Registre-se também que o autor não foi preso por conta de sua escrita, mas por ser amigo de alguém ligado à militância política. Outra prisão anterior do autor foi decorrente de um falso flagrante de porte de drogas.

Persistindo na ideia da literatura como um campo de construção da memória social e de resistência à Ditadura, lembramos também da narrativa de caráter testemunhal e autobiográfico mais direto: "Há por todo lado uma necessidade de contar [...] que se desenvolve em formas cada vez mais próximas do testemunho: seja memorialismo, seja o registro alegórico ou quase, da história imediata." (HOLLANDA, 1980, p. 19). Esses relatos testemunhais mais explícitos, mais diretos, tornar-se-ão mais frequentes em fins de década, com a publicação dos relatos pessoais de exilados políticos que retornavam ao Brasil, como o sucesso de vendas *O que é isso, companheiro?* de Fernando Gabeira. Essa necessidade de relatar a trajetória histórica de uma geração e sua resistência ao autoritarismo, tornando a literatura um lugar de produção da memória esteve sempre presente na obra de Caio Fernando Abreu, mas de forma menos direta que nos relatos biográficos de fim de década.

O autor optou por recorrer a uma série de recursos formais inerentes à literatura, representando o contexto histórico sempre de forma mimetizada, não verdadeira, mas verossímil. De fato, a representação de temas tão complexos demandou uma escrita específica, como vimos em *Garopaba mon amour*, em que a narrativa fragmentada permitiu a representação literária da fragmentação social que marca os anos de Ditadura e eleva o recurso da arte narrativa a uma forma de resistência.

Referências

ABREU, Caio Fernando. **Pedras de Calcutá**. Rio de Janeiro: Agir, 2007.

CALLEGARI, Jeanne. **Caio Fernando Abreu: inventário de um escritor irremediável**. São Paulo: Seoman, 2008.

COELHO, Claudio Novaes Pinto *et ali*. **Anos 70: trajetórias**. São Paulo: Iluminuras: Itaú Cultural, 2005, p. 39/44.

HOLLANDA, Heloísa Buarque de; PEREIRA, Carlos Alberto M. **Patrulhas Ideológicas Marca Reg. Arte e engajamento em debate**. São Paulo: Brasiliense, 1980.

LOPES, Denilson. **Bichas e Letras: uma estória brasileira *In*. GARCIA, Wilton; SANTOS, Rick (org.). **A escrita de Adé: perspectivas teóricas** dos estudos gays e lesbic@s no Brasil**. São Paulo: Editora Xama, 2002, p.33-50.

REIMÃO, Sandra. **Repressão e resistência: censura e livros na Ditadura Militar.** São Paulo: Editora da Universidade de São Paulo, FAPESP, 2011.

Jucely Regis dos Anjos Silva

FORMA SEM NORMA: ESCRITA COMO VARIAÇÃO

Uma arte diversificada, cindida, que parece se orgulhar de sua dispersão – assim define Rosalind Krauss (1996) a arte dos anos 70. Vídeo, performances, *body art*, arte conceitual, fotorrealismo em pintura, arte processual, compunham, entre outros, modos heterogêneos de produzir arte nessa década. Uma multiplicidade de manifestações que não era possível reduzir a um único termo similar aos de períodos anteriores ("minimalismo", "expressionismo abstrato"). Escapa-se à noção restritiva de um estilo histórico assegurado por um sufixo. Essa compreensão pode ser aplicada ao cenário brasileiro, no qual, embora houvesse a denominação de movimentos artísticos, é possível falar em um agenciamento entre a poesia marginal, a poesia concreta, as vanguardas neoconcretas, o tropicalismo, o cinema marginal (Rezende, 2010). No caso específico da poesia, o termo "marginal" buscava dar conta, precariamente, de uma nova e dispersiva produção. Diferentemente do que ocorre com os "ismos", anteriores, Modernismo e Concretismo, já não há agilidade em determiná-la. Curiosamente, a justificativa para o sufixo nesses dois movimentos desaparece, junto com ele, na poesia marginal: um projeto político claro, aliado a suas propostas estéticas.

Em 1976, a antologia *26 poetas hoje*, organizada por Heloísa Buarque de Hollanda, reunia boa parte dos nomes que comporiam a literatura marginal da década de 70. Levava para as editoras autores que até então produziam de modo independente; Chacal, Cacaso, Waly Salomão, Ana Cristina Cesar, entre eles. Uma poesia sem projeto político e sem projeto literário comuns. Ainda assim, compartilhando o título de poesia marginal. Conforme a autora da antologia, a palavra "marginal" tinha conotações amplas. Esses poetas eram marginais da vida política do país, do cânone literário e do mercado editorial.

Sem o selo das editoras, os poetas produziam suas obras no mimeógrafo e comercializavam-nas na entrada de teatros e restaurantes. Essa primeira recusa, às editoras e das editoras, levava o poeta ao corpo a corpo com o leitor, desburocratizando a relação. Assim, as vivências dos escritores influenciam a própria escrita, o cotidiano vira tema da produção marginal e fator determinante para uma nova linguagem (Faria, 2007). A introdução do cotidiano na poesia compunha uma segunda recusa. Recusa dos modelos que então haviam se canonizado: o construtivismo de João

Cabral de Melo Neto e o cerebralismo da poesia concreta. Por isso, a poesia marginal foi vista como anti-intelectualista, ou mesmo anti-literária.

No artigo "Poesia marginal", Hollanda afirma que "os poetas marginais foram estruturalmente marcados por experiências que refletem uma quebra geral de certezas e fórmulas sejam elas políticas, literárias ou existenciais". Essa postura, pensamos, marcou a sua marginalidade também com relação à vida política do país, que implicava uma terceira recusa, dessa vez às formas tradicionais de resistência. Diferentemente da militância tradicional, os poetas não tinham como horizonte a revolta armada ou a revolução do proletariado. Sequer é recorrente a contestação direta do regime militar em seus escritos.

Em vez disso, a repressão é vista de modo mais amplo e a reação a ela joga com o inesperado. Poderíamos lembrar, a esse respeito, um poema de Chacal: *"É proibido pisar na grama / o jeito é deitar e rolar"* (Chacal, 2007, p. 214). Essa poesia brinca com as proibições do cotidiano, encontrando na descontração, uma alternativa para o novo. Despojamento sem confronto, ou uma afronta a partir do despojamento. A revolução se dava no plano individual, pessoal/político: "revolução comportamental", segundo Ana Cristina Cesar, em texto crítico sobre essa poesia. Tal revolução, iniciada pelo tropicalismo, é levada adiante pela poesia marginal, a partir da adoção do "comportamento desviante", o que incluía a experimentação com as drogas, a bissexualidade, o amor livre, a atitude festiva (Cesar, 1999, p. 213). A adoção dos valores da contracultura estava acompanhada de uma certa decepção com a política de frente ampla. Um dos motivos para isso encontra-se na decretação, em 1968, do AI-5, considerado um segundo golpe e uma derrota dos movimentos de massa. Esse comportamento desviante era visto como ilegal, perigoso, e assumido como contestação de caráter político. Para esses poetas:

> O que importa é a viagem, o percurso, a campanha, a produção viva do desvio, o aqui e agora. No entanto, o aqui e agora do pós-tropicalismo é ambíguo, múltiplo, contraditório: a intervenção exige a "batalha" nos próprios circuitos do sistema, sem abrir mão de uma linguagem que se opõe violentamente à ordem desse sistema, construindo o desvio da linguagem em cada nível do texto, por meio da fragmentação e da contradição. (Cesar, 1999, p. 221).

A poesia marginal não quer ficar só no papel, "filha da pauta" (expressão de Waly Salomão). Por um lado, esse fora da pauta parte da recusa à atitude de gabinete dos escritores canonizados. Como no poema "Forçar a barra", de Salomão, citado por Hollanda (1981, p. 84), está-se diante de uma poesia jovem que rechaça "os pais culturais", "os laços de família", "a tradição judeo-cristiana" e inventa novos modos de expressar-se, literária, afetiva, política e sexualmente. A linguagem participa diretamente da produção do desvio efetuada no comportamento, na vivência corporal-existencial do poeta. Nas linhas posteriores, Ana Cristina afirma que, entre os marginais, a fragmentação e a contradição expressam não apenas uma escolha estética, mas um "sentimento do mundo", recuperando Drummond. Não consistiam apenas na contestação dos modelos racionais de pensamento, mas num risco, assumido pelo poeta que, se destrói a linguagem, explode junto com ela[6].

Por outro lado, surge a necessidade de criar novas formas de intervenção: mostras, feiras e passeatas poéticas, folhetos mimeografados, livros artesanais, livros-envelopes, cartões-postais, cartazes, varais de poesia, gravações em muros e paredes, e mesmo uma chuva de poesia no centro de São Paulo. Uma das formas de produção mais exploradas era a publicação coletiva, de revistas, antologias e coleções de poesia, que nem sempre discriminavam os autores de cada texto – semelhanças com o Romantismo de Iena? Entre as revistas mais significativas da época, encontram-se o *Almanaque biotônico vitalidade*, organizado pelo grupo Nuvem Cigana, e a revista *Navilouca,* organizada por Torquato Neto e Waly Salomão.

A "Apresentação" do *Almanaque...* tinha a estrutura híbrida de poema e bula de remédio, com indicações, contraindicação e posologia. Era indicado contra a inércia, contra a lei da gravidade, contra a cultura oficial. Um remédio que "não deve ser ministrado / àqueles que propõem a / morte como única forma / de vida" (Hollanda, 1981, p. 128). Navilouca, encontrou inspiração na Stultifera Navis, barco que, na Idade Média, passava pelo rio Reno recolhendo na costa os loucos, os vagabundos, os idiotas, os fora da ordem. Em suma, todos aqueles que possuíam um

---

[6] Aqui fazemos referência a um texto de Torquato Neto. Em "Pessoal e intransferível", lemos: "escute, meu chapa: um poeta não se faz com versos. É o risco, é estar sempre a perigo sem medo, é inventar o perigo e estar sempre recriando dificuldades pelo menos maiores, é destruir a linguagem e explodir com ela. Nada no bolso e nas mãos [...]". (NETO, 1973, p. 19).

comportamento desviante. As duas revistas tinham a preocupação de dar prosseguimento à viagem, partindo para a criação em grupo e inventando seus espaços na imprensa alternativa.

Foram, aliás, inúmeras as revistas pertencentes à chamada imprensa alternativa na década de 70. *Revista Civilização Brasileira, Argumento, Opinião, Movimento, Versus* estão nessa lista. Tinham como ponto comum a resistência à ditadura, ou ainda "a diferença, face a pensamentos e padrões de vida hegemônicos" (Camargo, 2012, p. 6). O jornal *Beijo* estava entre essas produções, resistindo ao autoritarismo da direita e das esquerdas.

Ana Cristina Cesar participou ativamente da definição da política cultural do *Beijo*. Na biografia sobre a autora, Ítalo Moriconi transcreveu um documento entregue por ela aos colaboradores da revista na reunião que decidiria o nome do jornal. Cesar coloca no papel um resumo das propostas para o periódico, com base no que havia sido produzido até então na imprensa. O reproduzimos com alguns cortes:

1. *Dessacralização*: descompromisso com nomes ou figuras sagradas ou "aliadas"; descompromisso com os temas em cartaz. 2. *Função de desrecalque*: fazer falar temas e tons que são recalcados (principalmente pela esquerda encastelada). 3. *Descentralização*: muito espaço para o leitor, que pode se tornar colaborador. Desconcentração na estrutura de poder. Mobilidade. 4. *Emergência de contradições*: [...] descentralização opinativa; 5. *Linguagem*: explicitação do autoritarismo das relações discursivas; 6. *Competência*: questionamento [deste] conceito [...]. 7. *Estratégia*: possibilidade de constante questionamento da estratégia, que está sempre a um passo do autoritarismo. A estratégia se manifesta muito menos pelo veto do que pela *montagem* e *articulação* das matérias. [...] 8. *Prática política e vida cotidiana*: questionamento da distância ENTRE as propostas que norteiam a prática política e as relações cotidianas*.
*ou entre o afeto e a estratégia; ou entre o objetivo e o subjetivo. (Moriconi, 1996, p. 47-49).

Após a leitura atenta dos itens e da obra da escritora, é possível perceber que eles não apenas sistematizam algo já feito; representam propostas adotadas por ela enquanto escritora e intelectual. Por exemplo, a montagem como recuso para demonstrar o autoritarismo das relações discursivas é visível nos seus textos críticos, entre eles, "Literatura e mulher: essa palavra de luxo". Esse ensaio, montado com fragmentos de diferentes autores, acaba por expor o papel decisivo da crítica autorizada em perpetuar modelos representativos da literatura e da literatura feminina. Pode-se dizer que a escrita de Ana se desengaja da militância, para engajar-se numa "política de linguagem antiautoritária" (Moriconi, 1996, p. 50). Tratava-se de assumir um compromisso com a escrita.

No item 8, as propostas políticas para a revista diferenciam-se claramente daquelas da esquerda tradicional. Naquela época, houve a imposição de uma pauta conservadora a respeito do que se considerava política, nos grupos representantes do poder hegemônico, mas também nos que a eles se opunham diretamente. Como aponta Cesar, havia assuntos recalcados na esquerda, por exemplo, o debate sobre o corpo, os sentimentos e o prazer estava fora, pois esses temas eram considerados "pequeno-burgueses". A proposta de questionar a distância entre a prática política e as relações cotidianas marcava, desse modo, a necessidade de outra postura já sugerida pela literatura marginal, uma "politização do cotidiano" (Pereira, 1981, p. 32).

Abaixo do último item, como uma nota de rodapé referindo-se ao item 8 (o que se depreende pela presença do asterisco), ainda há a nota: "[questionamento da distância entre prática política e vida cotidiana] *ou entre o subjetivo e o objetivo, ou entre o afeto e a estratégia". Aquilo que mobiliza o pensamento no plano dos afetos, passa pela adoção de certas estratégias que promovem uma abertura para a crítica e a criação. Tais estratégias demonstram a vontade de romper com a lógica do conservadorismo, do autoritarismo, das formas instituídas. Marcam a opção da escritora pelo movimento, a descentralização. E essa descentralização, efetivada pelo abandono das normas aceitas pelo senso comum e de suas constantes, fará dos poemas uma realidade material que opera variações, e por onde passam fluxos de corpos, de leituras e de desejos. Não se propondo a manter a norma, e enfrentando a dificuldade de ultrapassá-la, terá, então, de trabalhar sobre os seus limites – fazendo emergir o que ela deixa de fora: o corpo, os afetos.

A confrontação ao poder instituído não se dá sob a forma da denúncia, mas pela criação de diferentes estratégias. Mais do que assassinar os pais culturais e fazer explodir uma tradição literária em nome do novíssimo, Ana Cristina Cesar opera sua máquina de escrita no constante reaproveitamento e exploração de diferentes linguagens em sua poesia. Simultaneidade de vozes dissonantes que compõem a multiplicidade do poema: "um intimismo tenso e intenso" extraído das obras de Emily Dickinson, Sylvia Plath e Clarice Lispector articula-se com "a dicção desobstruída da poesia *beat*" e modula-se através da "estrutura improvisada, elíptica e polifônica do jazz" – são alguns dos elementos que Joana Matos Frias observa a respeito da poesia da autora (Cesar, 2013, p. 487-489). De modo análogo, dá-se a sua relação com a instituição universitária.

O ensaio que até então viemos citando, sobre poesia marginal e comportamento desviante, publicado em *Crítica e Tradução* (1999), foi originalmente entregue como trabalho final de uma disciplina do mestrado que Ana C. cursava, em 1979. Com o exame atento, descobre-se que esse trabalho é uma quase-cópia de um dos capítulos do livro de Heloísa B. de Hollanda (*Impressões de viagem: CPC, vanguarda e desbunde*), publicado no mesmo ano. Tal atitude pode ser vista como uma proposta de subversão pela linguagem dentro do próprio discurso acadêmico, uma resposta ao autoritarismo vigente no domínio do estruturalismo nos cursos de graduação em Letras, questão debatida no artigo "Os professores contra a parede". A ensaísta, estudante de Letras (e também escritora) tinha como objetivo, neste texto, "examinar os mecanismos de poder e de repressão" (Cesar, 1999, p. 145) presentes na exigência, dos professores aos alunos, de uma linguagem cientificista para a abordagem crítica do texto literário. A contradição que Heloísa/Ana identificam na poesia marginal está presente, de igual modo, na relação da escritora com a instituição literária e universitária: a intervenção acontece nos próprios circuitos do sistema. Atende-se à exigência da instituição, porém subvertendo suas normas. Em especial na escrita Ana Cristina Cesar, a intervenção se dá pela via da interferência na palavra do outro. Mesmo no caso desse texto em que enormes passagens são idênticas ao "original", o estilo é trabalhado via corte, fragmentação e reescrita de trechos – alterando discretamente o sentido e o tom. Trata-se de atingir zonas de variação contínua, por um processo de estilização dessas vozes outras.

Num texto póstumo, a autora chama a atenção para a variação dos gêneros (poema, carta, diário) e da forma em seus livros. A forma que desliza, entre prosa e poesia, torna visível uma escrita em que se alternam a estrutura e o afeto, a crítica e a poesia, "o discursivo e o sobressalto". Tal forma expressa também uma insatisfação com as posições políticas marcadas, o que se depreende de sua crítica, no mesmo texto, aos poetas concretistas e à lírica cabralina "Que fala localizada! [...] O partido. Me vejo muda entre partidos" (Cesar, 2013, p. 415). Evidencia na sua escrita a procura de uma fala, distinta da fala que já encontrou o seu lugar. Essa escrita como busca, num movimento incessante, será uma de suas marcas.

* * *

Não se deixar tomar pela *pressa do discurso* que ordena a "realidade" conforme hierarquias, que dá aos sujeitos o seu objeto, aos indivíduos, os seus papéis, às ideias e aos sentimentos, seus modos de expressão adequados, aos "fatos", sua interpretação acertada. Dar a ver o intervalo, propor saídas pelo meio e de dentro dessa ordem, explorando suas fissuras. Expor a arbitrariedade daquilo que sonsamente se apresente como contínuo, linear, coerente, verdadeiro, puro. Desorganizar, propor novas relações, arrancar as âncoras, dispor-se à deriva, abrir espaço para o devir. Celebrar o transitório, o incerto, o questionamento incessante; em vez do permanente, da certeza, do acabamento. Desconfiar dos valores instituídos, das suas nomeações, das suas instituições. Optar pela variação, e não pelas constantes.

São procedimentos, e também posturas. Posturas diante do mundo, da linguagem, posturas que pensamos terem sido assumidas por Ana Cristina Cesar em todas as suas práticas de criação. Esses procedimentos são a exploração de possibilidades abertas na literatura há mais de um século.

Conforme coloca Rancière, em seu texto sobre Deleuze, na passagem para o século XIX, se desvanece a herança que a retórica tentava assegurar, isto é, a normatividade do representado sob regulação moral e hierárquica da forma e do conteúdo. Se a antiga potência da representação consistia na capacidade de um espírito organizado animar uma matéria exterior informe, em outras palavras, de um sujeito dar forma a um objeto, a potência nova é apreendida no ponto em que o espírito se desorganiza. E essa desorganização acontece quando o pensamento é violentado pelas forças do fora. É no contato com essas forças que a literatura atinge "uma zona anterior aos encadeamentos representativos, em que operam outros modos de apresentação, de individuação e de ligação" (Rancière, 1999, p. 4). Nessa zona, o escritor não atua como sujeito cuja consciência determina formas e fins, mas se expõe ao ponto no qual está em vias de ser destituído de sua posição de sujeito soberano, a devir, conforme denominou Deleuze (2012), devir-animal, devir-involutivo, devir-imperceptível.

Ana C. escreve no "diário não diário" *Inconfissões*:

> Forma sem norma
> Defesa cotidiana
> Conteúdo tudo
> Abranges uma ana
> (Cesar, 2013, p. 149)

Na concisão de um poema, quantas fórmulas há para a sua escrita? Essas fórmulas mostram uma insubordinação à ordem da representação. Anunciam que a escrita deverá trabalhar com a forma, mas essa forma estará além dos valores dessa ordem, isenta dos valores morais que tentam impor-se a ela. Do mesmo modo, não havendo uma moral generalizante sobre a forma, não há critérios exteriores à escrita que determinem quais assuntos devem ficar de fora, qual conteúdo é relevante ou irrelevante, banal ou artístico.

Num texto intitulado "24 de maio de 1976", Ana Cristina anota "Escrevo in loco, sem literatura" (Cesar, 2013, p. 374). Anuncia-se escrever no ponto em que a literatura ou a arte como instituição é constantemente confrontada. No trabalho sobre o cotidiano, o ínfimo, o transitório, mesmo "o poético" é colocado em risco, e, por sua vez, a obra está na iminência de seu inacabamento, encontrando sentido (direção) no seu questionamento constante, na variação contínua operada pela escrita. Celebra-se um trabalho à margem do que tradicionalmente era visto como literário, o que se percebe já em alguns títulos de *A teus pés*: "Sumário", "Samba-canção", "Conversa de senhoras". Em outros, de *Cenas de abril*: "Instruções de bordo", "Arpejos", "Jornal íntimo". Em todo o *Luvas de pelica*.

E é nesse jogo com o cotidiano, e na expulsão da norma sobre o poético, a forma e o conteúdo, que se escreve essa receita para fazer *uma ana* (uma ana minúscula e anônima). O ser que esses elementos abrangem nascerá num espaço aberto de variação. O poema pergunta-se: como construir para si um eu? Sem que qualquer moral ou norma superior determine o que compõe um poema, ou uma vida, os movimentos da escrita atravessam o eu para transformá-lo num eu minúsculo. O sujeito é destituído daquilo que marcaria o seu status superior em relação aos outros seres, o nome próprio. Essa ideia que se localiza na grafia é sugerida no poema "Drummondiana": "Mãe se escreve com M maiúsculo / máscula forma de perder [...]" (Cesar, 2013, p. 356). É feita a associação entre o modelo masculino de escrita e o caráter patriarcal da letra maiúscula, marcador de propriedade. Os poemas levam da apropriação (Drummond de ana, a escrita a partir de outros poetas) à desapropriação, sugerida nas minúsculas e no indefinido. Essa ana, além de minúscula, é regida pelo indefinido, que Deleuze associa ao impessoal/singular da literatura (Deleuze, 2011, p. 13). O ser que na escrita devém, por uma variação contínua, será constituído dos elementos que entram em relação durante sua existência, expondo-o à desapropriação – feito das experiências que o produzirem.

Qual seria o limite dessa política?

Referências
CAMARGO, Maria Lúcia de Barros. 'Um beijo pra vocês: literatura e imprensa alternativa, anos 70'. Em: **Boletim de pesquisa NELIC**, Florianópolis, v. 12, n. 8, 2012, p. 5-60.
CESAR, Ana Cristina. **Crítica e tradução**. São Paulo: Editora Ática, 1999.
CESAR, Ana Cristina. **Poética**. São Paulo: Companhia das letras, 2013.
CHACAL. **Belvedere: 1971-2007**. São Paulo: Cosac Naify, 2007.
DELEUZE, Gilles. 'A literatura e a vida'. Em: DELEUZE, Gilles. **Crítica e clínica**. São Paulo: Editora 34, 2011. p. 11-17.
DELEUZE, Gilles; GUATTARI, Felix. **Mil platôs: capitalismo e esquizofrenia**, v. 4. São Paulo: Editora 34, 2012.
FARIA, Alexandre (org.). **Anos 70: poesia e vida**. Juiz de Fora: Ed. UFJF, 2007.
FRIAS, Joana Matos. 'Um verso que tivesse um blue'. Em: CESAR, Ana Cristina. **Poética**. São Paulo: Companhia das Letras, 2013. p. 480-490.
HOLLANDA. Heloisa Buarque de. **26 poetas hoje: antologia**. Rio de Janeiro: Aeroplano, 2007.
HOLLANDA. Heloisa Buarque de. **Impressões de viagem: CPC, Vanguarda e desbunde. 1960/1970**. São Paulo: Brasiliense, 1981.
HOLLANDA. Heloisa Buarque de. **A poesia marginal**. Disponível em: <http://www.heloisabuarquedehollanda.com.br/a-poesia-marginal/>. Acesso em: 20 jul. 2015.

KRAUSS, Rosalind. 'Notas sobre el índice'. Em: KRAUSS, Rosalind. **La originalidad de la vanguardia y otros mitos modernos**. Madrid: Alianza, 1996.
MORICONI, Ítalo. **Ana Cristina César: o sangue de uma poeta**. Rio de Janeiro: Relume-Dumará, 1996.
NETO, Torquato. **Os últimos dias de paupéria**. Rio de Janeiro: Eldorado, 1973.
PEREIRA, Carlos Alberto Messeder. **Retrato de época: poesia marginal anos 70**. Funarte, Rio de Janeiro, 1981.
RANCIÈRE, Jacques. **Deleuze e a literatura**. Matraga, Rio de Janeiro, Eduerj, n. 12, 1999.
REZENDE, Renato. 'Poesia e vídeo-arte: algumas aproximações'. **Revista Z Cultural**, n. 5, v. 2, 2010, Revista Virtual do Programa Avançado de Cultura Contemporânea – PACC, UFRJ. Disponível em: <http://revistazcultural.pacc.ufrj.br/poesia-e-video-arte-algumas-aproximacoes-de-renato-rezende/>. Acesso em: 25 jul. 2016.

Susana Guerra

CARTAS DE UM SOLDADO SEM VOCAÇÃO

Queridos amigos

Recordo o nosso último encontro com alegria. Numa viagem, faz alguns anos, tive a oportunidade de conhecer alguns de vocês, e de partilhar os mais variados trabalhos e visões, como algumas das ideias que vinha trabalhando em Natal: a memória das ditaduras, onde procurá-la, como fazê-la prevalecer, e continuar a existir, face a todas as tensões. Para que não fiquemos sem a memória, para que possamos lutar contra as políticas de desmemoria.

Naquele momento não podia imaginar que as coisas chegariam ao ponto em que se encontram hoje. Vivemos uma situação terrível e sentimos adensar-se uma atmosfera inquietante em que se insinua um amanhã sombrio. Parece que presenciamos o fim de um período político que, em certos sentidos, em alguns momentos, se diferenciara dos anteriores, lamentavelmente marcados pela manutenção e propagação do racismo, da desigualdade social, da violência e da injustiça, prolongando relações políticas e sociais fundadas na colônia.

Grande parte dos brasileiros viveu sempre e ainda vive hoje um permanente estado de sítio. Em Natal, nas periferias das grandes cidades, os alvos de violência continuam a ser os mesmos: pobres, negros, mulheres. Vimos acontecer, há tempos (desde sempre), episódios que nos falam da precariedade da vida para algumas pessoas: desde o linchamento de moradores de rua, travestis e homossexuais por grupos paramilitares, como o caso dos "justiceiros" do Aterro do Flamengo; ao caso de Amarildo, morador de favela torturado, morto e desaparecido às mãos da Polícia Pacificadora da Rocinha; ao caso de Cláudia Silva Ferreira, morta pela polícia e arrastada pelas ruas, sem que os jornais se referissem sequer ao seu nome próprio.

Para além da cor da pele e da pobreza, estas pessoas partilham a condição de excluídos, de oprimidos, de relegados, e permanecem condenados a continuar à margem de qualquer possibilidade de justiça, condenados a um apagamento progressivo até deixarem, efetivamente, de existir. Não podemos esquecer igualmente o acompanhamento que mereceram todos estes casos, nem os inflamados discursos veiculados pela grande mídia, que insistem em propagar uma concepção de sociedade constituída por "cidadãos do bem", ameaçada pelo que está do outro lado dos muros, do outro lado das cercas: a pobreza e a negritude vistos como sinónimos de criminalidade.

Lendo os jornais destas semanas, vejo uma sucessão de eventos que não deixam de me impressionar, pela arbitrariedade e a presteza com que estão acontecendo: uma reunião que visava debater a legalização do aborto foi impedida pela polícia militar após uma denúncia; denúncias estão igualmente na base da proposta da "Escola sem partido", em Alagoas, que prevê multas e prisão de quatro a dezesseis meses para o professor que cometer "assédio ideológico"; ameaças aos jornalistas e blogues que se dedicam a uma visão alternativa do que está acontecendo; Evandro Medeiros, realizador e ativista belenense engajado na recuperação da memória da resistência Araguaia, está sendo processado por organizar um evento expondo as ilegalidades da Vale, ao mesmo tempo que políticos e empresários afirmam ao vivo que não temem a justiça. Vemos a liberdade atacada em várias frentes: na assunção da diversidade, na livre expressão de ideias, no direito à reunião e ao debate público, no direito à manifestação e a ações de protesto. E assim, as várias formas que toma o dissenso, o seu sentido essencial, vão sendo violentamente reprimidas pela polícia e tornadas crime pela justiça. É, acima de tudo, uma situação que contribui para o recrudescimento de práticas dos tempos da ditadura.

Neste ambiente, não é raro eu ir dormir triste e amanhecer com raiva. Suponho que vivemos um tempo de exceção.

É procurando sentir-me menos sozinha no meio de tudo isto que lhes dirijo estas palavras. Ao mesmo tempo, cada vez mais começam a chamar-me a atenção certas cartas, cartas escritas em estado de exceção. Fui deparando-me com a sua existência à medida em que, pouco depois de chegar ao Brasil, me decidi por enveredar num trabalho que trava uma luta desigual pela recuperação da memória dos tempos de ditadura.

Dentro das múltiplas formas de fazer luz sobre as histórias particulares daqueles que um dia embateram contra a ditadura, o confinamento, a guerra, a privação de familiares e amigos, a carta portando mensagens dos anos duros tem vindo a ganhar visibilidade e importância. São, acima de tudo, palavras de pessoas comuns, situadas por fora do protagonismo militar ou político. Guardam a memória de acontecimentos traumáticos que algum dia, algures, alguém sofreu – alguém que, procurando conjurar a dor, fez da escrita epistolar "um espaço de encontro na distância, a possibilidade de uma partilha de vozes" (Fenati, 2012, p. iii). Sejam as cartas que Celso Afonso de Castro, militante de esquerda, escreve à mulher enquanto exilado, e posteriormente recuperadas pela filha, Flavia Castro, no documentário *Diário de uma busca*[7]; sejam as falas dos meninos de rua angolanos, histórias dramáticas do pós-guerra, cunhadas sob a forma de cartas no documentário *Angola: Saudades de quem te ama,* de Richard Pakleppa[8]; a coleção *Cartas de la ditadura,* constituída por um conjunto de sete mil cartas doadas à Biblioteca Nacional Argentina, cartas pelas quais as presas políticas da cárcere de Devoto quebraram um dia o isolamento a que estavam confinadas e se comunicaram com os seus filhos; a carta que António Bento, furriel português na guerra em África, escreveu a Zito, o filho angolano a quem deixou para trás (junto com tantos outros "filhos do vento"), onde expressa o desejo de revê-lo, quarenta anos volvidos.

As cartas relançam, sempre, uma história que não se encontra encerrada, ao persistir na procura de um destinatário que podemos ser todos aqueles que estivermos dispostos a abrir-nos a essa história de dor e desespero, mas também de consolo e esperança: como a carta que Juan Gelman dirige à sua neta extraviada[9] (ilegalmente apropriada), dezanove anos depois, carta também dirigida ao seu filho e à sua nora, Marcelo e María Cláudia, que ainda partilham o estatuto de desaparecidos da ditadura militar argentina, juntamente com cerca de trinta mil outras pessoas; ou como a *Carta de um león a otro,* a alegoria de Chico Novarro sobre a opressão experimentada por toda uma geração; ou como *La carta* de Violeta Parra[10], música popularizada por Mercedes Sosa, na qual conta

---

[7] Diário de Uma Busca. Diretor: Flavia Castro. Brasil-França: Les Films du Poisson/ Tambellini Filmes, 2010. DVD. 108 min.

[8] Angola: Saudades from the One Who Loves You. Diretor: Richard Pakleppa. África do Sul, Namíbia: Luna Films/ On Land Productions, 2006. DVD. 70 min.

[9] Juan Gelman, poeta argentino, publicou a 23 de dezembro de 1998, no semanário Brecha de Montevideo, *Carta a mi nieto,* ainda na sua ausência e na qual lhe relatava a história da detenção e assassinato dos seus pais em 1976, às mãos de um comando militar da ditadura, e os seus sentimentos com relação a um possível reencontro. Gelman viria a recuperar a neta, Macarena, em 2000, vinte e três anos passados da sua apropriação por uma família uruguaia. A persistência com que Gelman procurou desvendar o paradeiro de Macarena, e a notoriedade alcançada pelo caso, tornou-o emblemático no que toca ao trabalho de resgate da identidade dos cerca de 500 bebés apropriados pela ditadura argentina entre 1975 e 1983 (estimados em mais de 500), cuja continuidade se deve à associação Abuelas de Plaza de Mayo, com a restituição de 120 pessoas às suas famílias biológicas até aos dias de hoje (https://www.abuelas.org.ar/caso/buscar?tipo=3). *Carta aberta a mi nieto,* http://www.juangelman.net/2011/07/13/carta-abierta-a-mi-nieto/ .

como lhe disseram que o seu irmão havia sido preso por apoiar uma greve; ou como a carta de Rodolfo Walsh ao seu amigo Paco Urondo[11], poeta e militante assassinado pela ditadura, ou como essa outra carta de Walsh, a carta aberta que publica num jornal de Buenos Aires denunciando o golpe de 1976, uma carta com a qual pagará com a vida para que chegue ao seu destinatário[12]; ou como a carta aberta *De Lisboa*, pelos trabalhistas brasileiros no exílio em Portugal; ou como a carta de Eduardo Galeano *Ao Futuro...*

Se é certo que, há bem pouco tempo atrás, a carta era um meio bem mais comum de comunicação, também é certo que restrições de variadas ordens faziam do papel em trânsito um objeto vulnerável ao extravio e ao esquecimento. E, da mesma forma que hoje, a urgência de comunicar-se muitas vezes sacrificava, em prol da rapidez, o valor da própria escrita, secundarizando a tradução fiel das experiências partilhadas, convertidas num sentimento quase monossilábico pelo custo elevado dos telegramas, que obrigava a medir as palavras. Mas sempre existiram situações complexas, experiências limite, que exigiram mais do que palavras medidas – e a verdade é que as cartas sempre proliferaram em tempos de exceção.

---

[10] Música lançada por Violeta Parra em 1971, cujo título inédito é *Los hambrientos piden pan.*

[11] Francisco "Paco" Urondo, escritor argentino, fora assassinado pela polícia em 1976. Roberto Walsh, que viria a ser, igualmente, vítima da ditadura militar argentina, era seu amigo e partilhava com Urondo a militância política nos *Montoneros.* Por ocasião da morte de Urondo, Walsh publica *Semblanza escrita en ocasión de la muerte de Paco Urondo*, uma homenagem à dedicação intelectual e ao sacrifício militante de Urondo. Ver Juan Gelman, "Urondo, Walsh, Conti: La clara dignidad". In: Prosa de prensa. Buenos Aires: Zeta, 1997. p. 13-16.

[12] Walsh seria assassinado em 1977, logo após publicar a *Carta abierta de un escritor a la Junta Militar,* através da qual denunciava o esboroamento das instituições democráticas promovido pela atuação da ditadura militar, como os crimes levados a cabo pelos militares contra a população argentina (as perseguições e sequestros, a privação da liberdade, a tortura e, finalmente, o extermínio, como recursos sistemáticos para instaurar o medo e erradicar qualquer forma de dissenso), denunciando também o teor do programa político da junta militar, beneficiador de uma elite minoritária pela promoção de uma política de conversão das classes populares à miséria. Está considerado até hoje como desaparecido. Ver *Carta aberta de um escritor à Junta Militar*, março de 1976, em http://www.jus.gob.ar/media/2940407/carta_rw_portuges-espa_ol_web.pdf.

Quiçá por isso me dirijo a todos vocês desta maneira, endereçando-lhes estas palavras pensadas e sentidas.

Tenho pensado muito sobre algumas destas cartas de que lhes falava. Numa das minhas últimas idas a Lisboa, deparei-me com a edição das cartas de guerra de António Lobo Antunes.

* * *

Em 1971, António Lobo Antunes (hoje um dos escritores portugueses mais reconhecidos) é mobilizado para a guerra em África[13]. Opta pela recruta, em lugar do exílio em Paris, e é por isso obrigado a uma comissão de vinte e sete meses, passados entre vários destacamentos em Angola, numa guerra sem fim à vista que se arrasta já por uma década[14]. Lobo Antunes vê assim interrompido o curso da sua vida em Lisboa: privado da companhia da mulher (com quem havia casado pouco tempo antes, encontrando-se ela grávida da sua primeira filha), privado também do contato com familiares e amigos, deixa em suspenso uma vida para dar início a outra.

Lobo Antunes nasce com o país em ditadura e a sua existência dá-se num cenário onde a liberdade, os direitos e as garantias fundamentais se encontram suspensos em virtude do governo do Estado Novo. Com a guerra conhece mais uma forma de exceção, elevada a uma potência maior, onde a destruição é norma. Obrigado a permanecer longe de casa, num país sujeito à lei marcial, Lobo Antunes testemunha a insignificância da vida humana, desprezada pelo direito de matar e a eventualidade de ser morto, objetivo último da situação que lhe cabe viver em diante: o assassinato, a tortura, o estupro, a destruição das aldeias, a exposição ao combate e aos ferimentos e a "caça ao inimigo" – que é toda a população civil; condições limite de uma vida marcada pela escassez de água e alimentos; por fim, o isolamento. A fragilidade da vida pela banalização da morte dá-lhe a conhecer um outro grau na manifestação da exceção. É desse lugar que começa a escrever cartas para a sua mulher.

---

[13] Lobo Antunes é destacado como médico do exército português em Angola (ainda que carregasse consigo uma arma, com a qual dormia durante a noite, em caso de ataque à companhia).

[14] Em Portugal, o serviço militar obrigatório era de quatro anos, sendo dois anos, no mínimo, cumpridos no ultramar.

Cartas de um soldado sem vocação

As cartas, cerca de quatrocentos aerogramas escritos quase diariamente, têm origem nas suas diferentes estadias: desde Luanda, na chegada, passando por Gago Coutinho, Ninda, Chiúme e Marimba[15]. Escreve a primeira carta ainda durante a viagem, numa paragem na Madeira. A última, em Janeiro de 1973, é escrita pouco antes do fim da comissão, enquanto espera que a família chegue de Lisboa, para acompanhá-lo nas últimas semanas de serviço. A correspondência é interrompida pelo regresso de Lobo Antunes nas férias e pelos dois encontros com a mulher e a filha em Angola.

Recém-chegado a Angola, as primeiras cartas que escreve após instalar-se na companhia carregam um registo assaltado de angústia, e o seu tom nos desarma pelas impressões de catástrofe tão súbitas, tão precocemente sentidas – encontra-se em plena zona de guerra. O purgatório e o inferno são analogias anunciadas, lógicas, das quais Lobo Antunes abusa para referir-se às situações com que se depara: as más condições de alojamento, o medo (das tempestades, dos ataques), a saudade, o desejo de fugir, a apatia. Refere frequentemente os perigos a que as suas atividades diárias estão sujeitas, e não se coíbe em descrever os hipotéticos desfechos trágicos que por elas se encontra exposto – desde as incursões pela floresta onde se reúnem os grupos armados às ameaças de ataques: "O MPLA[16] condenou-nos todos à morte pela rádio, e diz que a sentença será cumprida ainda este ano! Ouvir a sua própria sentença em português impecável é extremamente curioso, como sensação, claro" (Lobo Antunes, 2007, p. 52), desde as viagens de avião em aparelhos obsoletos, à ameaça de

---

[15] O aerograma era o meio de comunicação preferencial das tropas em Angola, Moçambique e Guiné-Bissau, com as suas famílias. Eram envelopes-carta editados pelo Movimento Nacional Feminino e transportados gratuitamente pela TAP (a transportadora aérea portuguesa). O sigilo de correspondência ficou sem efeito durante a Guerra Colonial, e a polícia podia abrir as cartas, censurá-las ou apreendê-las. Muitas destas cartas nunca chegaram ao seu destino e encontram-se nos arquivos em Lisboa.

[16] O MPLA, de Agostinho Neto, foi o movimento que impulsionou a rebelião armada nacionalista no Nordeste e Norte de Angola, obrigando Portugal a enviar quarenta mil soldados para fazer frente ao levantamento. Inicialmente um movimento de luta pela independência de Angola, transforma-se num partido político após a Guerra de Independência de 1961-74[16]. Após o cessar-fogo com a UNITA, o FNLA e MPLA, a independência de Angola foi estabelecida em Janeiro de 1975, com a assinatura do Acordo do Alvor.

enfermidades mortíferas, do destacamento para zonas ainda mais remotas e hostis – "E toda a gente diz que tivemos imenso azar com a zona para onde vamos" (Lobo Antunes, 2007, p. 22), tocando as consequências da guerra sobre os indivíduos, sujeitos a condições extremas de violência que conduzem muitos à loucura[17]. Isolado em seu confinamento forçoso, o seu ânimo revela-se frágil:

> Não me apetece comer nem dormir: passeio no quartel, em ruas com tabuletas que coincidem comigo (rua do quero-me ir embora, largo tirem-me daqui, avenida estou farto, etc.), escritos pelos soldados numa letra camarária. (Lobo Antunes, 2007, p. 31).

Alusão com caráter de presságio, jogando sombras sobre um tempo por chegar. Lobo Antunes sente já tudo isso, e teme não poder suportá-lo. Faltam 100 semanas para regressar a casa.

A correspondência de Lobo Antunes com a sua mulher, uma atividade de caráter privado e íntimo, contempla referências a uma série de assuntos e reflexões que, além de falar-nos do modo como o estado de guerra influi sobre o seu estado de espírito, trazem informações essenciais sobre o modo como Lobo Antunes vive o tempo de exceção no qual se encontra. Ao adentrar-nos na leitura destes breves momentos de vida suspensa, tentaremos entender como se configura esse estado de exceção e como se manifesta a resistência através do exercício da escrita de cartas. Perguntar-nos: a que tenta escapar Lobo Antunes enquanto escreve estas cartas? O que precisa manter daquilo que conhece, que conheceu e que era seu, que conformava a riqueza da sua vida em Lisboa e que, subitamente, desaparece para ele, tal como ele, ausente, deixa de existir para o que restou atrás? Como é que as cartas que escreve o ajudam a resistir?

O cotidiano em Angola não oferece a Lobo Antunes muito que contar[18]. À mulher, Maria José, diz-lhe que quando lhe vai escrever pensa sempre – o que lhe pode dizer que lhe interesse?

---

[17] Nas suas cartas encontramos várias referências à loucura que vai acometendo os soldados. A última (breve) carta que escreve antes regressar termina com uma referência ao estado de perturbação que dominava o quartel, com Lobo Antunes questionando-se se o seu próprio destino final seria um hospital psiquiátrico: "O capitão, coitado, está como eu: agora resolveu acampar no jeep, e aí leva os dias, sentado no banco, a morder a boquilha, com ar ausente, sem fazer nada." (Lobo Antunes, 2007, p. 423).

A vida aqui é sempre igual, e a aventura interior nem sempre manda para fora uma mensagem apaixonante das suas peripécias. (...). As coisas reduzem-se a meia dúzia de necessidades elementares de cão em canil (comer, dormir, uivar um pouco a minha angústia) e praticamente mais nada. A única diferença é que o cachorro que sou agarra-se à minúscula esperança de um dia sair daqui. (Lobo Antunes, 2007, p. 315-316).

Contudo, o relacionamento com Maria José é continuado pela escrita. É assim que, cada vez mais dominado pela amargura de ver-se confinado a uma situação injusta, enquanto o isolamento, a violência e uma morte prematura se afiguram como destino provável, Lobo Antunes escreve cartas preenchidas por preocupações mundanas, banais, de referência constante e sistemática, quase obsessiva: a decoração da nova casa (enquanto compra variados objetos de artesanato local), os projetos de ordenação do espaço consagrado aos livros e o tipo de móveis ideal para a

---

[18] Podemos entender a falta de críticas explícitas à guerra e à ditadura, pelo fato da carta ser enviada num aerograma, exposto ao escrutínio e à censura; ainda assim, em maio, cinco meses após a sua chegada, escreve: "A maior parte das coisas não as posso contar e as minhas opiniões sobre esta guerra não devem ser escritas. Isto é tudo muito diferente do que aí se pensa, escreve e diz, e eu nada tenho esclarecido por motivos óbvios." (Lobo Antunes, 2007, p. 153). Uma semana depois, outra menção súbita, breve, de apenas uma linha, em que Lobo Antunes afirma algo que, provavelmente, não lhe fosse alheio em Lisboa, mas é agora reafirmado como testemunha, como participante da situação: "Há tanta coisa a contar a respeito disto, que é tão diferente do que aí se julga..." (Lobo Antunes, 2007, p. 160). A carta seguinte traz uma significativa referência às questões ideológicas com que se vê obrigado a debater, aos efeitos de ser confrontado com a frivolidade da guerra: "Começo a compreender que não se pode viver sem uma consciência política da vida: a minha estadia aqui tem-me aberto os olhos para muita coisa que se não pode dizer por carta. (...) Todos os dias me comovo e indigno com o que vejo e com o que sei (...) O meu instinto conservador e comodista tem evoluído muito, e o ponteiro desloca-se, dia a dia, para a esquerda: não posso continuar a viver como o tenho feito até aqui." (Lobo Antunes, 2007, p. 161). Embora pouco evidente nos temas cotidianos abordados nas suas cartas, a crítica social e política de Lobo Antunes não deixaria de revelar-se através da sua obra literária, e os fragmentos do livro iniciado em Angola, enviados a Maria José para sua aprovação, permitem-nos entrever o cerne da sua escrita futura.

sua arrumação; as fantasias que faz com Lisboa, da qual recorda a comida e os espaços, que de indiferentes se tornam memórias afetuosas e aprazíveis. O seu relacionamento amoroso também é continuado pela escrita, na tentativa de prosseguir com a sua vida sexual, que está também ela em suspensão – e termina as cartas com sugestões que relançam o erotismo: "Quero ouvir gritos! (...) Sentir as nossas duas ondas crescerem ao mesmo tempo, arremessarem-se uma contra a outra, rebentarem numa explosão de espuma." (Lobo Antunes, 2007, p. 116). O nascimento da filha é, naturalmente, um tema a que regressa diariamente, criando um jogo de expectativas amorosas com relação ao ser amado: "Uma delas [das cartas] trazia o atestado da minha filha. Enterneceu-me imenso sentir, através daquele miserável papel, a sua existência real." (Lobo Antunes, 2007, p. 260).

Deste modo, os dias são constantemente revistos por Lobo Antunes – mas são os dias que correm em Lisboa, aqueles que Maria José vive. Narrando exaustivamente sobre o que lhe era habitual, Lobo Antunes compraz-se na aproximação a essa vida, que vive na ausência. Escreve cartas porque vive em estado de exceção, porque deve resistir; porque precisa estabelecer um espaço de normalidade, já que o presente é um deserto ao seu redor. Por isso, escreve cartas com urgência.

Mas Lobo Antunes não deseja apenas interferir nessa sucessão de dias que continuam, impassíveis, o seu desenrolar em Lisboa, no seio do seu lar, o de Maria José. Quer igualmente reclamar o seu lugar na vida dos familiares e amigos, mesmo aqueles com quem não mantinha uma relação próxima (ao ponto de não saber os seus endereços). Surge assim, recorrente, a preocupação em escrever ao maior número de pessoas e em receber as respostas. A guerra privara-o da forma em que conduzia essas relações – Lobo Antunes responde escrevendo cartas:

Tenho procurado escrever a toda a família e amigos. Em cada dia escrevo uma carta para ti e para outra pessoa. Falta-me escrever para a tia Maria João, para o Necas, para o Zé Leitão e para o Martinha (...) Ao João, ao Miguel e ao Nuno não escrevo porque nunca me escreveram. Bem feita! (Lobo Antunes, 2007, p. 55).

O retorno é fundamental e Lobo Antunes exige-o:

Contra o que esperava, continuo sem notícias tuas (...). Ninguém me tem escrito, de resto: todos os dias procuro no correio cartas que não chegam, e, francamente, começo a desesperar de algum dia as receber. (Lobo Antunes, 2007, p. 24).

Pede os endereços, pede nomes, quer escrever a todos, que todos se transformem em destinatários da sua escrita:

Continuo à espera dos SPM[19] do Gildásio e do Jorge Rocha Mendes, e, logo que possa (entraram na bicha...) escreverei aos teus tios Isas, aos Jans e aos Fêfês. (Lobo Antunes, 2007, p. 64); Só me falta escrever a esses 4 (...) para completar a minha panóplia de correspondentes. (Lobo Antunes, 2007, p. 73).

Lobo Antunes vê a solidão agravada pela demora das cartas em chegar aos destacamentos. A carência de notícias marca as suas jornadas e não lhe permite pensar em outra coisa que não seja no avião (o mesmo que transportava os alimentos frescos) que lhe trará as respostas. A interrupção da correspondência deixa-o desorientado e impedido de seguir o que resta do dia. Insiste na tristeza que representava a falta de correspondência, seja porque o avião não chega, seja porque ninguém se resolve a escrever. As cartas eram "a coisa mais importante do mundo para a companhia" (Lobo Antunes, 2007, p. 37):

Mas veio o avião, e trouxe o correio (...) É pena lerem-se tão depressa... (...) guardei-as para as ler de novo à noite. Espero que no sábado, se o avião vier outra vez, cheguem mais. São para mim um balão de oxigénio... (Lobo Antunes, 2007, p. 142).

Nas cartas que escreve pede insistentemente quantidades notáveis de aerogramas:

---

[19] O Serviço Postal Militar foi um código numérico organizado pelas Forças Armadas para o encaminhamento de correspondência oficial e privada para evitar que constassem, nos envelopes da correspondência enviada para África, o endereço onde o militar se encontrava ou a unidade a que pertencia. Era composto pelo número do Indicativo Postal Militar respectivo, mais vulgarmente conhecido por número do SPM. http://www.cfportugal.pt/ e http://www.guerracolonial.org/

E insiste com a minha mãe para que me mande um quilo de aerogramas, para que eu possa, à falta de melhor, escrever a mim próprio. (Lobo Antunes, 2007, p. 35)

Quanto a aerogramas necessito 120 por mês, a fim de escrever as minhas habituais três cartas por dia – o que não é muito. Tenho sempre respostas em atraso... (Lobo Antunes, 2007, p. 49).

Acima de tudo, Lobo Antunes tem urgência nas respostas – pede para ser correspondido às suas cartas. Essa inquietação marca as cartas enviadas a Maria José durante o primeiro ano, mas desaparece depois da estadia em Lisboa por ocasião das férias, não sendo mais retomada[20]. O desejo de retorno imediato vê-se nas reclamações que faz das respostas tardias ou ausentes de Maria José, e escreve:

Agora um protesto veemente: desde o teu telegrama que nunca mais recebi notícias tuas – nem tuas nem de ninguém. Vou aprender quimbundo para te insultar numa língua cheia de vogais, e sentirás o terrível peso da minha vingança. (Lobo Antunes, 2007, p. 31).

Algumas passagens das suas cartas revelam um descontentamento com a comunicação que mantém com a família. Lobo Antunes critica as suas posturas. Em um momento, exercita um hipotético julgamento por parte dos familiares, sobre o seu carácter. O tom impiedoso descreve uma série de impressões imaginárias e, à luz destes pensamentos, escarnece das respostas reais que recebe na volta do correio, não sem alguma mágoa (Lobo Antunes, 2007, p. 178):

Tenho pouco ou nada a dizer à família para além das habituais efusões de ternura (...). Não sei se já reparaste que quase nunca ouvem o que dizemos, nem lhes interessa: em virtude do demasiado amor que nos têm escutam apenas o som da nossa voz e

---

[20] Do mesmo modo, a correspondência mantida por Sartre e Beauvoir durante a guerra, acaba por ser definitivamente interrompida com a instalação do telefone em sua casa.

comovem-se com a música, como diante de um bláblá infantil. (Lobo Antunes, 2007, p. 124)

Lobo Antunes escreve cartas, porque "o insuportável não se pode prolongar muito mais tempo..." (Lobo Antunes, 2007, p. 300): a sua escrita é uma escrita ansiosa que regressa repetidamente a questões ligadas ao cotidiano, uma "escrita compulsiva e diária que suplica angustiadamente pela pronta resposta" (SOARES, 2006, p. 2) – pelo retorno da vida:

> Outra coisa, uma queixa: Tenho recebido cartas muito curtas. Não te quero obrigar a fazer o que não te apetece, mas, assim, quase posso pensar que não te agrada escrever-me. (Lobo Antunes, 2007, P. 94)

Como é que o ato de escrever cartas ajuda Lobo Antunes a resistir a um tempo de exceção? Em princípio, ao escrever sobre o cotidiano, procurava dar continuidade à sua vida, por exemplo, sob a forma da fantasia do lar (do qual fora arrancado). Porém, devido à irregularidade própria do tempo postal e às contingencias próprias das vidas dos seus remetentes (incluindo a sua esposa), o retorno não é sempre imediato – as respostas tardam, ou não respondem verdadeiramente às suas expectativas. Por isso, a dada altura, as suas cartas mudam e logo deixam de ser algo que pede uma resposta, uma resolução. O que se opera então é um deslocamento dos assuntos que dão continuidade ao que acontece em Lisboa, para dar lugar a outras inquietações, começando por uma reflexão sobre a escrita na escrita das cartas, assim como sobre o valor de si próprio como escritor. O fluxo da correspondência com Maria José continua, mas agora constando, maiormente, de envios de pequenos fragmentos da novela em que se encontra a trabalhar; as cartas estão dirigidas a ela, mas de fato já procuram o público que a futura novela exigirá como complemento (todos nós):

> Espero que estes cadernos mostrem que sou um escritor, o que bastaria para que tudo valesse a pena. Espero com ansiedade a tua opinião. E, como os considero acabados, e, portanto, deixaram de me pertencer, podes mostrá-los a quem entenderes. (Lobo Antunes, 2007, p. 324)

Após a licença de férias em Lisboa, os primeiros dias em Angola parecem devolver a Lobo Antunes o entusiasmo pela escrita da sua novela, à qual passa a dedicar dias completos. A sua preocupação essencial é terminar de escrevê-la antes de sair de Angola, o seu único desejo é levá-la concluída para Portugal – "Que ao menos leve isso comigo" (Lobo Antunes, 2007, p. 313). Alegra-se com os progressos diários: "A história avança como um tufão, a 10 páginas por dia. (...) Escrevo assim tanto para não pensar, acho eu" (Lobo Antunes, 2007, p. 293).

As cartas não permitem a vida que levava, mas a obra permite uma vida possível naquela que agora leva (sem pensar nela):

> Isto é uma terra de excessos de toda a ordem. Nada tem medida nem contenção: um bocado como a minha louca prosa, em que se cosem feridas com tiras de solda (...) Eu penso que esta história está decente (...) que descobri, depois de quase 16 anos de contato praticamente diário com as palavras, a maneira de as usar razoavelmente. (Lobo Antunes, 2007, p. 302; 319).

De uma forma mais tradicional, as cartas também *refletem* o estado de exceção em que são escritas. Dias intermináveis, perpassados de uma pesada solidão, deixam em Lobo Antunes a sensação de viver confinado a uma prisão, à qual se soma a angústia de ver a vida, a sua própria vida, consumida num fôlego[21]. São muitos os temores registrados nas cartas, no que toca à manifestação dos efeitos da guerra sobre si: "Durante a noite acordo várias vezes ao menor ruído, o que vai contribuindo para me envelhecer, a mim e aos outros todos." (Lobo Antunes, 2007, p. 141). Sabe que não pode esquecer o que viu e o que viveu, e isso leva-o a recear da sua capacidade para retomar a sua vida no ponto onde fora interrompida. Sabe que nada será como antes, depois de encerrada a experiência da guerra, e teme aquilo que o receberá, chegando a ter medo de não se recordar de si próprio (Lobo Antunes, 2007, p. 221).

Entre as representações dolorosas que Lobo Antunes compõe nas suas cartas para Maria José, a morte é uma imagem recorrente. A morte que

---

[21] "Ando por aqui como uma alma penada, não escrevo, não falo, quase não respiro. A minha vida é tão monótona que nada não tenho para contar acerca dela. E afinal, Gago Coutinho é uma prisão como as outras, só um pouco maior e mais segura" (Lobo Antunes, 2007, p. 257).

testemunha cotidianamente, a dos companheiros no mato, a dos habitantes das aldeias circundantes, a dos seus pacientes. Mas também a morte de animais, relatada em diversos momentos – das chacinas higiénicas de matilhas inteiras, cujos cachorros errantes, sacrificados em prol da saúde da companhia, tiveram um dia, como costume, uivar ao recolher da bandeira, ao cair da noite, no quartel[22]; de morcegos atordoados, abatidos a golpes de toalha de mesa na sala de jantar da caserna; da breve vida de um pinto, ao ser surpreendido em campo aberto, próximo do arame farpado, pelo ataque silencioso de um predador[23].

Embora não sendo o objeto principal da correspondência, entre a reclamação cotidiana e os fragmentos da obra (na batalha pela preservação da lucidez e a manutenção de um espírito crítico), Lobo Antunes detém-se no relato do horror que o rodeia. Estes súbitos trechos desassombrados, cobertos por uma indiferença calculada, não deixam de nos perturbar, envolvidos que estão no desenrolar dos temas cotidianos com os quais dividem o mesmo aerograma[24]. Das descrições de acidentes em combate envolvendo a companhia, ao sofrimento causado pela guerra à população local (onde crianças são estupradas[25] e mulheres são queimadas por feitiçaria), Lobo Antunes vê outras vidas, em situação de extrema vulnerabilidade, sendo violentamente interrompidas – e, por vezes, deixa-se envolver pelo seu destino trágico.

Uma das cartas a Maria José fala da decisão de Lobo Antunes em adotar uma criança que encontrara sozinha, numa mata, abandonada à sua

---

[22] "São imagens como estas que levarei daqui: a bandeira a baixar, os clarins a tocarem, e um concerto uivante de cães a acompanhar a cerimônia." (Lobo Antunes, 2007, p. 252).

[23] "Ontem, um dos vários falcões que rondaram o arame e o quimbo, sem mover uma pena, caiu de súbito sobre um pinto e levou-o nas unhas: espetáculo fantástico. E outro morcego veio esvoaçar perdidamente a sala. Um dos alferes (chama-se Homero e o pai Filinto), matou-o com a toalha de mesa." (Lobo Antunes, 2007, p. 311).

[24] "Tudo continua no ramerame do costume, que os acidentes brutais interrompem de quando em quando. Mas até isso, com o tempo, deixa de ser surpresa ou indignação: aceita-se com o fatalismo que aqui se aprende, feito de muita angústia e muito sofrimento banalizados e tornados cotidianos e familiares. Pode-se viver em plena paz com o medo e o horror e suportá-los ambos sem dificuldades de maior. É uma questão de nos tornarmos de pedra." (Lobo Antunes, 2007, p. 303).

[25] Lobo Antunes, 2007, p. 297.

sorte após a morte dos pais. Frente ao destino precário de Tchihinga, resolve cuidar da menina, mantendo-a consigo no quartel, como uma companhia para a sua solidão. Essa decisão é exposta a Maria José com entusiasmo, nas breves linhas que lhe dedica no aerograma[26]. A presença da menina vem quebrar a apatia, ocupando-se Lobo Antunes de trazer-lhe algum consolo. Alguns dias mais tarde, o avô de Tchihinga aparece no quartel para reclamar a neta, provocando a ira em Lobo Antunes. Acaba por devolvê-la à família em pânico:

> Ter-me-ei transformado numa besta? A ideia de perder a garota põe-me fora de mim. (...) Porra, mas é que nem a minha filha tenho comigo! E preciso de qualquer coisa a quem dar o meu afeto bruto e malcriado, mas torrencial. (Lobo Antunes, 2007, p. 309)

Na luta solitária que trava dia após dia, na tentativa de ultrapassar o desgosto, a guerra *encosta-lhe o futuro à parede* e sobreviver parece-lhe uma tarefa impossível:

> Nunca cheguei tão fundo na experiência do próprio desespero. (...) Uma brancura estéril e sem sombras, um reflexo baço. Resistirei? Como levantar-me, andar, sorrir, ter esperança (...). Será que, como diz o poeta 'só há saída pelo fundo?' (Lobo Antunes, 2007, p. 329)

"Feito de pedra e paciência", trabalha na crônica da morte lisboeta – um romance que considera a última oportunidade que pensa dar-se a si próprio como escritor, depois de resolver entregar a vida à escrita, derradeira tentativa de libertar-se do seu "fardo de fantasmas":

> Eu queria que fosse uma espécie de História Natural dos Portugueses, corrosiva, sarcástica, chamativa, caricatural, cruel e terrível (...). Este Voo é uma espécie de mistura involuntária, uma afirmação de vida, de vitória da esperança sobre o desespero. (Lobo Antunes, 2007, p. 161; 331)

Contudo, Lobo Antunes escreve. Escreve, não deixa de escrever, mesmo que oscile entre uma e dez páginas diárias, dias de estupor que

---

[26] Lobo Antunes, 2007, p. 309.

alternam com uma dedicação particular e única à sua obra. A sua vida depende disso. Escreve para escapar desse lugar onde experimenta o exílio, o horror da guerra e a privação dos seres amados:

> A história... Aqui para nós não vale nada. Mas ajuda-me a passar o tempo, e a não pensar na tragédia que isto é. (...) Eu não valho nada. Mas talvez os meus projetos, os meus sonhos, valham alguma coisa por mim. Nesta terra tenho enterrado os melhores meses da minha vida... E o que mais me custa é o coeficiente de absurdo desta aventura. É um preço caro o que estou a pagar para poder um dia viver aí. (Lobo Antunes, 2007, p. 254; 256)

Pela escrita, Lobo Antunes regressa ao lugar que deseja, que lhe faz falta – já não Lisboa, já não o lar, mas a literatura; se fosse apenas o que deixou para trás, encontraria, não o oposto à guerra, mas algo que, sendo outra coisa, não deixa de o amargurar.

O tecido de relações cotidianas que constrói com a ida e volta das cartas, além de permitir a restituição do cotidiano, serve igualmente a Lobo Antunes para recuperar a humanidade que, sente, pode perder a qualquer momento. Escrever a novela também:

> A única coisa que me alimenta a coragem é a vontade de sobreviver. Ao fim de quase 7 meses 7 de inferno muita coisa muda dentro de nós. Perde-se, até, quase, o gesto de resistir e o de lutar. E é horrível não poder escrever certos episódios que aqui acontecem, insuportáveis. Meu Deus, o que há que fazer aqui! (...) Mas eu não sou um tipo de ação, mas por desgraça, um solitário que remói as suas angústias diante de uma folha de papel. (Lobo Antunes, 2007, p. 255; 232)

* * *

A importância destas cartas escritas em tempo de guerra radica na especial forma de resistência que oferecem – uma resistência que tem que ver com o particular, a vida privada. As cartas de Lobo Antunes, embora pareçam não comportar sentido político imediato, muitas vezes focando temas fúteis, dão-nos vislumbres da existência cotidiana que vira interrompida e que no estado de exceção da guerra só sobrevive nas cartas.

Por outro lado, se bem que, inicialmente endereçadas a um destinatário específico, as cartas que Lobo Antunes escreve a Maria José perdem, por vezes, o seu destino original, o fio da conversa que supunham, o seu caráter privado; então as cartas se dirigem a todos nós, os imponderáveis destinatários. No fundo, todas as cartas escritas em tempos de exceção procuram um destinatário ideal – pela atenção e o tempo que exigem a paixão com que são escritas e a angústia com a qual são endereçadas. Nem os amigos, nem a família, nem Maria José podem ser esse destinatário ideal – e, nesse sentido, as cartas continuam abertas, à espera de um leitor que partilhe a mesma angústia, a mesma paixão e, quem sabe, um tempo análogo de exceção.

Em seus *Escritos,* Lacan adverte-nos que uma carta chega sempre ao seu destinatário. As cartas de guerra de Lobo Antunes foram compiladas e publicadas pelas suas filhas em 2005, sob o título rejeitado da sua primeira novela – *Deste viver aqui neste papel descrito* – após a morte da mãe e segundo o seu desejo. E ressurgiram recentemente, pela mão do realizador Ivo Ferreira, num filme que leva por título *Cartas da guerra*[27]. De uma ou outra forma, as cartas de Lobo Antunes, como tantas outras cartas escritas em estado de exceção, insistem em voltar uma e outra vez à procura do seu destinatário. E, nos tempos conturbados que vivemos, são cartas bem-vindas, porque nos confortam e nos alertam, porque nos dão força e meios para resistir, falando de que coisas que aconteceram faz tempo, mas que, lamentavelmente, continuam sendo-nos familiares – há forças obscuras que nunca deixaram de insinuar-se no horizonte. A questão é: estaremos à altura dos destinatários que essas cartas procuraram e continuarão a procurar desde o passado em que foram escritas?

Agamben diz que o estado de exceção, longe de ser excecional, tende cada vez mais se apresentar como o paradigma da governabilidade na política contemporânea. Idealizado como dispositivo provisional para situações de perigo, parece ter-se convertido num instrumento normal de governo. As coisas no Brasil não estão bem, mas não estão muito melhor na Europa: as balsas de refugiados que afundam no mediterrâneo; as vítimas colaterais de guerras fomentadas pelo apoio de governos europeus;

---

[27] Cartas da guerra. Diretor: Ivo Ferreira. Portugal: Foley Walkers Studio, O Som e a Fúria, 2016. Digital Cinema Package DCP. 105 min.

a deportação massiva de grupos étnicos; a suspensão do direito de livre-circulação das pessoas; os centros de detenção para imigrantes irregulares; o secretismo dos novos acordos económicos e jurídicos como o TTIP; a criminalização do direito a manifestar-se; a declaração de virtuais estados de sítio durantes as grandes cimeiras de líderes mundiais; a tortura nas prisões; o vácuo legal que rege as áreas de transição nos aeroportos internacionais – todos estes acontecimentos suspendem o estado de direito e sequestram o espaço público (espaço que deveria ser, por definição, um espaço de confronto, de dissenso) para dar lugar a grandes interesses privados. Obrigam-nos a deslocar todas as discussões a espaços alternativos, quase secretos, como os espaços que abre a correspondência.

Falar de cartas hoje pode parecer um anacronismo, mas a verdade é que cada dia que passa experimento mais profundamente a necessidade de escrever cartas (cartas à família, cartas aos amigos, cartas inclusive sem um destinatário concreto). De onde surge essa necessidade? Quiçá, justamente, por que vivemos hoje num estado de exceção, e sentimos, como sentira Lobo Antunes, que corremos o risco de perder a nossa humanidade perante a impotência que nos assalta vendo coisas inaceitáveis que não deixam de acontecer – um cotidiano como o nosso, permeado pela desigualdade e a violência, pela falta de justiça e suspensão do direito. As cartas opõem a esse sentimento, e ao devir inumano que parece impor sobre nós o estado de exceção em que vivemos, uma forma de resistência[28].

É certo que as novas tecnologias mudaram a forma em que nos comunicamos, mas não mudaram o que é, essencialmente, uma carta: uma palavra dirigida de uma pessoa a outra, de um correspondente a outro, de um igual para um igual, e que, insistentemente, nos tempos de exceção que nos toca viver, clamam por tempos mais justos, mais livres e mais igualitários, onde a palavra possa ganhar espaço além de todas as cartas – nas ruas, nos parques, nas praças e nas assembleias, em plena luz do dia.

Não gostaria de parecer muito pessimista – gostaria, sim, de não me iludir (ao nível do intelecto), mas manter, como dizia Gramsci, o otimismo da vontade. Pode parecer difícil, mas é menos difícil sabendo que vocês estão aí, lutando, pensando e resistindo, e que não demorarão a chegar cartas com a força que necessito para seguir em frente: "Aquele que recebe a carta não pode senão dela partir, e a sua resposta – imaginando

---

[28] Acerca do homem destituído do caráter de humanidade, ver Primo Levy em *É isto um homem.*

que a deseje escrever – é o relançar de todo esse processo" (Fenati, 2012, p. iii).

Referências

FENATI, Maria Carolina. 'Carta ao leitor'. In: FENATI, Maria Carolina (org). **Gratuita**. Volume 1. Belo Horizonte-Lisboa: Chão da Feira, 2012, i-v.

AGAMBEN, Giorgio. **Estado de exceção**. São Paulo: Boitempo, 2004.

CASTRO, Edgardo. **Giorgio Agamben - Uma arqueologia de la potencia**. Buenos Aires: Jorge Baudino Ediciones - UNSAM Edita, 2008.

BARBOSA, Jonnefer. **Política e tempo em Giorgio Agamben**. São Paulo: EDUC, 2014.

LOBO ANTUNES, António. **D'este Viver Aqui Neste Papel Descripto - Cartas da Guerra**. Lisboa: Dom Quixote, 2007.

SOARES, Maria de Lourdes. **Até ao fim do mundo - D'este viver aqui neste papel descripto**. São Gonçalo, Soletras, n° 11, ano VI, 42-47, jan./jun. 2006.

Francisco das C. F. Santiago Jr.

A LETRA EM BUSCA DA COR: A EXCEÇÃO COMO TEMPO HISTÓRICO PARA O POVO NEGRO BRASILEIRO

De onde deve partir uma reflexão sobre a escrita ou o escrever *em tempos de exceção*[29]? À primeira impressão fica claro que o problema transcende as chaves convencionais com as quais a expressão está diretamente ligada. Não estamos pensando apenas de escrever em ou durante *regimes autoritários, totalitários, ditaduras* ou – mais genericamente – *estados de exceção*, termos pelos quais vários autores compuseram uma vasta bibliografia na tentativa de delimitar as experiências históricas e a própria historicidade nesses "regimes" ou campos políticos. Que os regimes de temporalidade e historicidade das sociedades sejam produto de experiências de campo político está fora de questão, mas se pudermos estender a noção de exceção ao próprio tempo, ou seja, *a uma construção da historicidade*, não seria possível encontrar certa longevidade numa noção de exceção para além dos tempos de exceção? Não será que possível conceber o *tempo da exceção* para além do *estado de...*, ou seja, dado tipo de vivência política e subjetiva para além de um autoritarismo tal como convencionalmente concebido?

Apego-me, portanto, em duas premissas: 1) o tempo torna-se humano quando narrado, tese central de Paul Ricoeur (1994) que me permite pensar que o *tempo de exceção* pode ser uma inscrição da/na exceção na experiência temporal no confronto com situações de crise social; 2) inscrever o tempo de exceção, ou seja, construir traços na linguagem que evidenciam a experiência de vazio da norma que só existe porque ambiguamente é por ela sustentada – para tomar/deslocar a definição de Giorgio Agamben (2004) – significa lançar a experiência da exceção para além da crise social na qual ela está inserida. Em outras palavras: inscreve-se a temporalidade dos regimes de exceção na forma de narrativas que podem, porém, ao tomarem o mundo da ação humano, localizar a exceção além do momento político em que se narram.

Como sou historiador e não filósofo, qualquer ideia aqui trabalhada está sujeita ao crivo da anacronia e por isso, farei a investigação sobre a

---

[29] Parte das interpretações aqui apresentadas desenvolvem temas explorados em nossa tese de doutoramento (Santiago Jr., 2009) e artigo posterior (Santiago Jr., 2012).

inscrição o tempo da exceção por meio da análise da maneira como uma intelectual negra brasileira, a historiadora Beatriz Nascimento, entre os anos 1970 e início de 1980 reescreveu a história do "povo negro" como uma história da exceção de cor, cuja temporalidade e duração superavam em muito o período do regime civil-militar no qual estavam inseridos. Peço, portanto, licença para transformar a metáfora presente no título deste evento em um instrumento heurístico que indaga sobre a escrita que inscreve a exceção negra no tempo histórico da *civilização brasileira*. Nascimento escreveu e narrou o texto do documentário *Orí*, lançado em 1989 no qual ela propõe uma nova poética da história brasileira negra como uma história atlântica. Contudo sua reflexão iniciara ainda nos anos 1970 com seus textos sobre a história do povo negro, quando ela realizou a denuncia de uma exclusão do negro da história e do tempo do Brasil.

Nosso objetivo é articular a inscrição temporal produzida por Beatriz Nascimento de outra perspectiva da história do Brasil do *ponto de vista atlântica* do que ela chamou de "povo negro". Para compreender o momento final desta reescrita, a famosa narração e textos por ela elaborada para o documentário *Orí*, produzido entre 1985 e 1989, precisaremos recuar aos escritos produzidos no regime civil-militar. A reflexão histórica de Nascimento esteve atrelada a um quadro político de exceção.

Ainda no rumo do Atlântico. Beatriz Nascimento foi uma importante intelectual na elaboração de perspectivas de atuação política e definição dos conceitos que seriam próprios aos novos movimentos negros de meados do século XX. Nascida em Aracaju em 12 de julho de 1942, sua família migrou nos anos 1950 para o Rio de Janeiro, onde ela cursaria a graduação em história na UFRJ, em 1970. Formou-se e tornou-se professora da rede estadual de ensino do Rio de Janeiro na área de história. Já exercia sua militância como ativista negra desde a graduação e passou a se envolver com estudos da história e da cultura afro-brasileiras. Foi membro fundadora do Grupo de Trabalho André Rebouças, em 1974, na Universidade Federal Fluminense (UFF), tendo cursado especialização nesta universidade.

Participou dos debates culturais mais importantes dos movimentos sociais de sua época, escrevia regularmente para a imprensa sobre a questão racial brasileira e publicava textos acadêmicos e resenhas. Fez parte da fundação de boa parte dos movimentos negros dos anos 1970, e lutou pela inserção de uma pauta quase nada explorada – junto com Leila

Gonçalez – a imagem e o lugar da mulher negra na sociedade brasileira. Envolveu-se numa polêmica forte no jornal *Opinião*, em 1975, quando atacou e refutou violentamente a perspectiva construída sobre a mulher negra no filme *Xica da Silva*, de Carlos Diegues. Publicou textos historiográficos e se tornou referência sobre a discussão da história do homem negro, sobre os quilombos no Brasil e sobre o debate da mulher negra.

Concluiu uma Pós-graduação lato sensu em História, na Universidade Federal Fluminense (UFF), em 1981, e passaria a atuar com cinema. Tamanho foi o impacto de sua crítica sobre *Xica da Silva* que Carlos Diegues chamou Beatriz Nascimento para compor a consultoria histórica da sua nova fita, *Quilombo*, lançada em 1984. Finalmente, ela escreveu o texto e foi sua narradora no filme *Orí*, documentário dirigido pela socióloga e cineasta Raquel Gerber. A luta pela mulher a seguiu em vida e na morte, uma vez que fora a brutalidade masculina quem a destruiu: em 29 de fevereiro de 1995 fora assassinada pelo companheiro de uma amiga, a qual estava sendo agredida e a quem Beatriz tentou defender.

A inscrição temporal produzida por Beatriz Nascimento como historiadora e como re-fundadora de uma perspectiva negra da história do Brasil. Os elementos contidos no texto para o documentário *Orí*, produzido entre 1985 e 1989, começaram a se elaborados no período do regime civil-militar. Nunca é demais lembrar que o A.I. n. 5 foi revogado somente em 30 de dezembro de 1978, após 10 anos de vigência[30]. O próprio número do Ato Institucional indica que ele fizera parte de uma escalada do autoritarismo. Uma nova Constituição fora outorgada em 24 de janeiro de 1967 e seu Art. 2º conferia ao Presidente da República o poder de decretar o recesso do Congresso, Assembleias Legislativas e Câmaras de Vereadores, e dando ao Poder Executivo a autoridade para "legislar em todas as matérias e exercer as atribuições previstas nas Constituições ou na Lei Orgânica dos Municípios", além de conferir ao Presidente da República a suspensão de direitos políticos (Art. 4º), declarar o estado de sítio e suspender as várias garantias constitucionais.

A partir do decreto do A.I. n. 5 o estado brasileiro mergulhou oficialmente na ambiguidade jurídica que rege o chamado estado de exceção. Como explicita Agamben (2008), a exceção é o dispositivo jurídico que estabelece uma relação ambígua do direito com aquilo que se

---

[30] O A.I n. 5 fora decretado em 13 de dezembro de 1968.

reconhece como vida numa dada comunidade. Talvez fosse útil seguir aqui a consideração de Agamben, segundo o qual o direito mantém com a vida uma relação de inclusão e exclusão, delimitando quais suas dimensões a serem reconhecidas ou não para as pessoas como sujeitos jurídicos. Na exceção, o direito político – que faz parte das prerrogativas do reconhecimento público e institucionalizado da vida – é retirado de pauta e o próprio poder assume a função de delimitar a vigência das leis, legislar em prol do próprio aumento do poder, restringir ou retirar o poder e o próprio direito à vida de alguns entes que perdem seus estatutos de cidadãos.

A contradição de estados de exceção como os instaurados pelo A. I. n. 5 seria legislar a vigência da exceção, ou seja, normatizar a ausência da norma vinculada a um dado poder, no caso o estado civil-militar. A exceção seria uma norma ambígua, pois se trata de um recurso estrutural e jurídico do poder soberano de delimitar a si mesmo como norma da não norma. O regime de exceção, no caso do Brasil criou um tempo de exceção no qual se decretava juridicamente a exclusão daqueles desvinculados com os projetos de poder. A perseguição política era apenas a parte mais evidente da exceção brasileira, uma vez que como dispositivo, o regime instaurou uma fratura na própria cultura e na caracterização que a sociedade brasileira instaurou sobre si mesma.

A exceção política parece ser capaz de ativar a atenção para outros dispositivos socialmente vigentes de exceção. Daí o campo (de concentração inicialmente, mas não somente este) ser concebido por Agamben como um paradigma da exceção na contemporaneidade:

> *O campo é o espaço que se abre quando o estado de exceção começa a tornar-se a regra* (...). *O campo é um híbrido de direito e de fato, no qual os dois termos tornam-se indiscerníveis.* (...) fato e direito se confundem sem resíduos, neles tudo é verdadeiramente possível. (...) Na medida em que seus habitantes foram despojados de todo estatuto jurídico e reduzidos integralmente a vida nua, o campo é também o mais absoluto espaço biopolítico. (...) A questão correta sobre os horrores cometidos nos campos [é saber] (...) quais os procedimentos jurídicos e os dispositivos políticos permitiram que seres humanos fosse tão integralmente privados de seus direitos e de suas prerrogativas, até o ponto em que cometer contra

eles qualquer ato não mais se apresentasse como delito [grifos do autor] (Agamben, 2010, p. 164, 166-167).

A relação que o autor italiano estabelece entre campo e exceção é útil para delimitar a questão dos dispositivos políticos que permitem a privação da vida como uma heurística das – e em outra medida um objeto sobre as – experiências da exceção. Contudo, quero expandir o conceito de Agamben para além do aspecto jurídico e político e investir em suas dimensões biopolíticas raciais, chamando atenção para os tipos de exceção que Beatriz Nascimento e outros sujeitos encontraram no regime civil-militar. Membro dos movimentos culturais e políticos negros, Nascimento investiu nas arestas históricas da sociedade brasileira relacionados com a presença, identidade, visibilidade e visualidade do "povo negro" na década de 1970. O regime civil-militar tinha por proposta político-cultural construir uma identidade nacional homogênea e para tanto retomou uma serie de mitos instaurados pelos modernistas entre os quais o da miscigenação, das três raças e uma atualizada democracia racial[31]. Comum aos três mitos havia o *tropo* da combinação cultural do negro africano, do índio nativo e do português europeu sob tutela deste último.

A cultura brasileira projetada pela ditadura militar pode ser sintetizada pelo famoso Plano de Política Nacional de Cultura, em 1975, cuja previa fora lançada em 1972 sob a direção do então Ministro da Educação, Jarbas Passarinho (Ramos, 1983). A ideia geral daquelas políticas culturais do regime civil-militar fora uma combinação de reconhecimento da diversidade cultural brasileira sob tutela do legado branco português, mas afastando-se explicitamente das propostas do branqueamento que marcaram as primeiras versões dos mitos das três raças. Obviamente o estado de exceção jamais conseguiu apagar o legado do branqueamento e, na mesma medida em que demonstrou esforços contínuos para reconhecer a diversidade, procurou diminuir o protagonismo negro e indígena e invisibilizar os projetos políticos de minorias étnico-raciais. Muitos dos empreendimentos culturais, como o incentivo a produção de filmes via Embrafilme, a partir de 1972, ou a criação do

---

[31] O MNU e outros movimentos culturais negros atacaram frontalmente estas narrativas míticas. É preciso, porém, acertar que as noções de mestiçagem dos anos 1970 são bem diversas das dos anos anteriores e suscitam tanto hegemonia cultural das elites brasileiras brancas, mas também fraturas nas identidades nacionais. Cf. Brugger, 2008, 2010; Santiago Jr., 2009.

Centro Nacional de Referência Cultural (Cnrc), em 1975, além da criação da Fundação Nacional Pró-memória, em 1979 (Fonseca, 2009).

Os movimentos culturais dos quais Beatriz Nascimento fizera parte eram claros exemplares das dificuldades de inserção nos projetos políticos de sua época. A questão do negro se dizia fazer parte de um debate para o problema da inserção de classe: os negros eram discriminados porque eram pobres. Contudo, desde os anos 1960 estava claro que havia um problema racial e étnico no Brasil à brasileira. Nascimento e tantos outros intelectuais em formação estavam justamente integrados com a questão de construir a visibilidade do negro como sujeitos que sofriam exclusão social por questões étnicas e raciais e não apenas pela situação de classe. A tônica inclusive, dela e de outros intelectuais e estudiosos era demonstrar que a raça era uma experiência fundamental de exclusão social brasileira (Hasenbalg, 1992; Nascimento, 1978), questão já apontada a partir dos resultados nos estudos do Projeto UNESCO no Brasil na década de 1950 (Maio, 2007; Guimarães, 2006)

Neste sentido, a denúncia da democracia racial como uma ideologia branca, do mito das três raças como uma miragem e da harmonia das raças no Brasil como uma esquizofrenia que beneficiava aos brancos fora a tônica dos autores negros e daqueles compromissados com a transformação social brasileira do ponto de vista de uma racialização definitiva do debate sobre o negro no Brasil (Guimarães, 2010; Santiago Jr., 2012). Neste quesito, a dicotomia com a proposta do regime era evidente, uma vez que as narrativas adotadas pelo poder buscavam minimizar o impacto da tensão racial no Brasil enquanto o movimento negro realçava sua existência.

Mas o mais importante fora a inversão epistêmica: não se tratava de afirmar o negro e evidenciar a existência do preconceito no Brasil, mas de mudar a grade de conceitos e metáforas empregados para falar da situação do negro. Termos singulares começaram a emergir no discurso público de expoentes do movimento negro, de seus intelectuais e ativistas políticos e cada vez mais estes termos eram associados a uma herança, a uma falha e a um passado que não passa da sociedade escravocrata brasileira. Os conceitos e metáforas usados para descrever o estado ou situação do negro no presente passaram a adquirir espessura histórica ao se referirem a um passado contemporâneo ao presente do regime civil-militar. De que termos falamos?

Farsa. Beatriz Nascimento sentiu a necessidade de escrever a história como farsa. Ela o fez junto a outros intelectuais negros que apontavam como a história do Brasil era repleta de miragens que diminuíam a individualidade do negro. Era preciso evidenciar o problema da inscrição temporal negra nas narrativas ocidentais. Em 1974, num texto sintomaticamente chamado *Por uma história do homem negro* ela perguntava:

> Quem somos nós, pretos, humanamente? Podemos aceitar que nos estudem como seres primitivos? Como expressão artística da sociedade brasileira? Como classe social, confundida com todos os outros componentes da classe economicamente rebaixada, como querem muitos? (...) Pode-se confundir nossa vivencia racial com a do povo judeu, porque ambos sofremos discriminação? (...) Não será possível que tenhamos características próprias, não só em termos 'culturais', sociais, mas em termos humanos? Individuais? Creio que sim. Eu sou preta, penso e sinto assim (Nascimento, 2007, p. 94).

A busca por uma especificidade *humana* do negro fora uma tônica de Beatriz e outros pensadores negros. Haveria um modo de pensar africano e negro, que no caso brasileiro fora herdado pelos afrodescendentes. Isso significa que sua experiência histórica estaria ligada diretamente a uma exploração histórica, diversa de outra população diasporizada como os judeus, mas também há qualquer coisa ontologicamente negra, por assim dizer. Tanto judeus como negros são percebidos como sujeitos de uma *vivência racial*. Para ambos, mas mais claramente para o povo negro, na concepção de Nascimento, a etiqueta de *primitivo*, bem como a folclorização como *expressão artística da sociedade brasileira* ou mesmo a noção sociológica de classe social remetem a uma inscrição social e histórica do negro fora de sua especificidade. Funcionam como farsas históricas a serem desfeitas para que o *ser*, o *pensar* e o *sentir* negros ("eu sou preta, penso e sinto assim", nas palavras de Nascimento) sejam exibidos pela primeira vez e permitam uma reformulação da própria forma de pensar e escrever a história negra.

A farsa fora o mote de um dos projetos históricos centrais do MNU nos anos 1980, quando a campanha central fora uma década de preparação para a denúncia da *farsa da abolição*. Ou seja, tratava-se de reescrever a história brasileira por meio de uma liberdade jamais conquistada pela exclusão constante do racismo brasileiro. Abdias do Nascimento (1978), outro importante intelectual negro, falava abertamente do *racismo mascarado* que criara mitos como a Abolição. E a farsa só seria possível combater por uma história escrita a partir da singularidade da pessoa humana negra como ponto de vista:

> Não podemos aceitar que a História do Negro no Brasil, presentemente, seja entendida apenas através de estudos etnográficos, sociológicos. Devemos fazer a nossa História, buscando nós mesmos, jogando nosso inconsciente, nossas frustrações, nossos complexos, estudando-os, não nos encanando. Só assim poderemos nos entender e fazer-nos aceitar como somos, antes de mais nada pretos, brasileiros, sem sermos confundidos com os americanos ou africanos, pois nossa História é outra como é outra a nossa problemática (Nascimento, 2007, p. 97).

Genocídio. Beatriz Nascimento e Abdias do Nascimento foram dos primeiros a usar o termo genocídio na qualificação da experiência cotidiana e histórica dos negros brasileiros. Remetendo a ideia de extermínio, os intelectuais apontavam para o esforço de morte e apagamento dos traços da negritude nacional, pela rejeição aos elementos negros e africanos na cultura brasileira, pelo silenciamento da própria prática genocida dos poderes governamentais e sociais e, principalmente da parte de Beatriz, pela expoliação da cultura negra por parte das elites culturais brancas de sua época.

O silencio sobre o extermínio foi um componente fundamental da denuncia dos intelectuais negros. Fazia parte de suas políticas de destruição cultural, pois atacava a integridade subjetiva negra por meio de sua invisibilização social, pela minimização do reconhecimento de seu sofrimento e pela humilhação constante no presente. São também dimensões históricas, pois o rapto no continente africano instaurou uma diáspora forçada de multidões que morriam nos traslados oceânicos ou nos sofrimentos do cativeiro. A prática da captura, da viagem, do cativeiro foram ressignificados como experiências genocidas do poder branco colonizador, cuja marca maior deixada no presente é a desigualdade social e o sofrimento da exclusão social (Nascimento, 1978).

Não devemos esquecer com isso que o recurso ao genocídio e o extermínio como termos descritivos da experiência do passado e do presente remete a uma nova qualificação social que fora redimensionada pelos genocídios ocorridos durante os regimes de exceção na segunda guerra mundial. O extermínio dos judeus tornou-se um paradigma da delimitação do que é excluir a vida e a pessoa de sua existência em diferentes níveis e de como um estado de exceção desnormatiza àqueles que coloca fora da norma e sobre os quais pode, então abusar. Tais termos são ligados a certa cultura política que se populariza pelo vínculo com estados de exceção históricos e a retomada do genocídio e do extermínio nos textos de Beatriz Nascimento remetem justamente ao uso de termos carregados politicamente num outro momento de exceção, o dela. Foi durante o regime civil-militar brasileiro que estes conceitos começaram a ser popularizados para descrever a experiência e história negras no Brasil como também está claro no título do clássico texto de Abdias do Nascimento, *O genocídio do negro brasileiro* publicado em 1978.

Mas o genocídio envolvia algo mais, uma vez que estava relacionado aos mecanismos delimitadores da identidade e da autoimagem negra no Brasil. O ataque aos mitos modernistas como a democracia racial e a miscigenação transformou todos em mecanismos ideológicos de prática genocida, na medida em que branqueavam o negro e o despojavam de uma autoimagem positiva. A denuncia do mito das três raças fora justamente uma forma de localizar nos discursos da imprensa, da academia, do poder e da sociedade como um todo, os recursos conceituais e metafóricos pelos quais o negro era apagado na miscigenação, em vez de ser evidenciado pela própria negritude. O extermínio é um mecanismo de invisibilização subjetiva na medida em que ele atua na negação da identidade negra. Tanto é política governamental como forma pública de enfrentamento da presença no negro na sociedade.

Beatriz Nascimento o localizou em mecanismos cotidianos de sua época, no que se poderia chamar de folclorização, quando os elementos da cultura negra, tais como a religiosidade, foram apropriados pela mídia brasileira (cinema, tv, música popular, academia e imprensa) e transformados em signos da ideologia nacional. A historiadora narrou aterrada o momento em que um pesquisador de candomblé se disse mais negro do que ela própria porque ele pesquisa religião de matriz africana e ela não:

Uma das piores agressões que sofri neste nível foi por parte de um intelectual branco. Disse-me que era mais preto do que eu por ter escrito um trabalho sobre religião afro-brasileira, enquanto que eu não usava cabelo afro nem frequentava o candomblé. Foi uma das constatações mais difíceis de situar, uma das mais sutis sobre o preconceito racial existente no Brasil. (...) Acredito que ela [a agressão] faça parte da mais nova mistificação em termos de preconceito contra o negro. Os artistas, os intelectuais e outros brancos, diante da crise do pensamento e da própria cultura do Ocidente, voltam-se para nós como se pudéssemos mais uma vez aguentar as suas frustrações históricas. (...) Se um jovem loiro, burguês, intelectual brilhantíssimo, após alguns anos de estudo de uma nossas manifestações culturais chegar à conclusão que é mais preto do que eu, o que é que eu sou? (Nascimento, 2007, p. 95-96)

O genocídio vem neste caso como apropriação da cultura negra pelas elites brancas, as quais, claramente Nascimento designa como expoliação cultural. A denúncia da agressão acima aponta para um fenômeno do qual a negritude é tirada de sua dimensão corporal e atribuída ao marcador cultural que o antropólogo branco usou como índice de raça. Nascimento evidencia que sua corporeidade negra, que considerava sua única marca efetiva de negritude também poderia ser roubada por esta transformação da cultura afro-brasileira em folclore:

Se nossa manifestação religiosa passa a ser folclore, ou o que é pior, consumida como música na TV (vide música de Vinicius de Moraes e Toquinho cantando o nome de Omulu), quando um branco quer retirar minha identidade física, único dado real de minha História viva no Brasil – só me resta o que está dentro de mim, só me resta assumir o meu complexo não resolvido (Nascimento, 2007, p. 98).

Para Nascimento, roubada a identidade como corpo, restava apenas a identidade como interioridade fraturada pela experiência racial que tirava o negro de seu direito a ser negro numa longa escalada histórica. Falar em roubo de negritude, genocídio ou extermínio fora, portanto, uma maneira de definir a exceção na qual os negros se encontravam no presente, menos por serem perseguidos politicamente e mais por serem excluídos da grande narrativa de si mesmos e da nação, do direito a uma história e do direito a uma identidade no presente. Tratava-se de reconhecer no presente e no passado uma exceção permanente na sociedade brasileira para o negro, na medida em que ele só era sujeito quando estava incluindo nas narrativas da miscigenação que lhe negavam individualidade para além da tutela branca com quem deveria se misturar. Trata-se de uma ampliação da temporalidade da exceção, por meio de um conceito que se lança no tempo passado e de lá retorna para o presente.

Sou atlântica. O Atlântico é a grande imagem da resistência que Beatriz Nascimento elaborou nos anos 1980. Após o fim do A.I. n. 5 e a Lei de Anistia, a transição democrática permitiu a reelaboração do campo político e cultural brasileiro. Contudo, a escrita da história do negro brasileiro como uma História da exceção continuou de diversas formas, principalmente pela proposta da *Farsa da abolição* como resistência as comemorações do centenário da Abolição em 1988.

Como projeto histórico, uma perspectiva atlântica não fora uma invenção pessoal de Nascimento. Em 1983 a *Revista Brasileira de História* publicou o texto *Todas as montanhas atlânticas estremeceram*, de Peter Linebaugh, o qual propunha uma nova história dos povos europeus, africanos e americanos na era moderna a partir de uma perspectiva atlântica, ou seja, que deixasse a referência nacionalista e territorial em prol de uma noção de trânsito oceânico na definição dos processos históricos. As trocas de historiadores brasileiros com o meio acadêmico norte-americano começaram a tomar como questão que para entender a história brasileira, seria necessário também conhecer a história africana também naquela época, destacando-se os trabalhos de Sidney Chaloub e João José Reis. É provável que Beatriz Nascimento tenha entrado em contato com alguns destes aspectos[32], mas talvez mais importante tenha sido a intensificação dos trânsitos intelectuais de líderes religiosos, culturais e de intelectuais afro-brasileiros com o continente africano, promovendo de fato um intercâmbio atlântico de ideias, promovido por instituições particulares e algumas universidades brasileiras (Parés, 2008).

Na formulação histórica de Beatriz o Atlântico emergiu com o fim do regime civil-militar. Ele permitiu resolver positivamente o que o

---

[32] Infelizmente não foi possível fazer uma genealogia efetiva das concepções atlânticas de Nascimento.

genocídio destruía cotidianamente e o que a abolição como mito histórico parecia manter intacto. Tratava-se de uma solução histórica e uma chave poética, um tropo, em algum sentido, que fora iniciado durante o governo Figueiredo e lançado na segunda metade dos anos 1980, no texto do documentário *Orí*, de Raquel Gerbe, desenvolvendo boa parte de suas perspectivas nos anos 1970. O trecho abaixo é o início da narração do filme:

A terra é circular, o sol é um disco.
Onde está a dialética?
No mar. Atlântico – mãe!
Como eles puderam partir daqui para um mundo desconhecido?
Aí, eu chorei de amor pelos navegadores, meus pais.
Chorei por tê-los odiado.
Chorei por ainda ter mágoa desta História.
Mas chorei fundamentalmente diante da poesia do encontro do Tejo com o Atlântico,
da poesia da partida para a conquista.
Eles o fizeram por meio também
e talvez tenham chorado diante de todas a belezas além o mar Atlântico.
Ó paz infinita, poder fazer elos de ligação num história fragmentada. África e América e novamente Europa e África.
Angola. Jagas. E os povos do Benin de onde veio minha mãe.
Eu sou Atlântica!
Quantos caminhos percorro
A quantos choros recorro
Ao fim de cada cansaço

O que é aquela cama
Que daqui observo?
Vazia e desfeita
como o acontecido?

Quantas perguntas me faço
Se certo ou errado, ou pura desatenção?
Sem chegar à decisão
De abandonar de uma vez

Francisco das C. F. Santiago Jr.

Sonho há muito acumulado

O que é aquela cama no escuro?
Manchada de tantas culpas
Que caminham como víboras
E sugam aos poucos meu corpo?
Quem saltará sobre ela
Para ir em meu socorro?

Quantos caminhos vivi
Em quantas veredas sofri
A ânsia de ser feliz?
Como me encontro agora
Errantes como sempre foram
As sendas que escolhi

Beatriz começa buscando os elos antigos de uma história que só pode ser construídas a partir de cacos de um vínculo ancestral e supremo. Sua primeira raiz viera do Benin e esse elo com a África lança seu maior trunfo poético: *ela é atlântica*. O mar é apresentado como o território no qual o sujeito se ergue *entre* continentes. É importante entender que unidades de espaço-tempo ela usa para marcar esse território no texto acima: as terras de origem, o mar e a cama. Ressalte-se um ausente que não define sua identidade embora se marque no silêncio: o navio. Paul Gilroy afirmou que o navio fora o cronótopo por excelência das culturas diaspóricas do novo mundo; contudo, Beatriz substitui o navio que desloca pela cama assentada no agora e no aqui, cama (*vazia e escura*, diz-nos o poema) repleta de culpas, as quais, como víboras vampirescas, sugam da voz lírica os fluidos da vida.

Para combater essa exceção do ser, ela ergue o deslocamento e o movimento da imagem do mar, instaurador de uma migração no antes e no hoje, de um retorno à África que se estabelece no próprio fluir do *ser atlântico*. Fluxo, tempo e alternativa contra o assentamento destruidor (a cama) e em favor de vínculos com as terras de origem tiradas dos insumos da história (África, América, Angola, Benin). Está claro que se trata de uma chave trópica, uma figuração que torna possível evocar o inconsciente próprio do negro.

O mar, imagem do infinitivo, não deve aqui ser subestimado. Nas tradições literárias e cinematográficas ocidentais o mar remete ao misto do medo e fascínio pela liberdade/morte. Mas nas tradições africanas iorubás, o mar aponta às entidades antigas das quais Olocum é das mais ancestrais, mãe ou pai do orixá cultuado no Brasil Iemanjá. Nas Américas, Iemanjá tornou-se a *dona do Mar* e a deusa que confere equilíbrio ao *ori*[33]. O orí é um conceito metafísico das religiões de matriz africana. Palavra iorubá, na religião afro-brasileira orí é a cabeça da pessoa, a origem de seu ser, o qual está ligado ao Orum (o mundo dos orixás) e ao Aiyê (a terra). O orí carrega a memória inconsciente e ancestral e no documentário de Raquel Gerber consiste em um vínculo corporal e espiritual com a África e com a América por meio do Atlântico. Para Nascimento, se antes o mar fora o muro da travessia forçada, do rapto e do genocídio, em uma perspectiva atlântica contemporânea tornava-se constituinte de uma travessia voluntária para reacriação da África e do negro no novo mundo.

O mar, neste caso, envolve uma promessa, que fica clara na narração do filme quando Beatriz clama pelo retorno de Zumbi:

> Para ti comandante das armas de Palmares. Filho, irmão, pai de uma nação. O que nos destes? Uma lenda? Uma história? Ou um destino? Ó rei de Angola Jaga, último guerreiro do palmar. Eu te vi Zumbi. Nos passos e nas migrações diversas dos teus descendentes. Te vi adolescente sem cabeça e sem rosto nos livros de história. Te vejo mulher em busca do meu eu. Te verei vagando, Ó estrela Negra. Ó luz que ainda não rompeu. Eu te tenho no meu coração. Na minha palma da mão. Verde como palmar. Eu te espero na minha esperança. Do tempo que há por vir.

Novamente é da história e da ancestralidade que provêm a renovação. Zumbi, rei negro num Brasil escravista, torna-se menos um conto e mais a presença no tempo presente, uma esperança da libertação do que está por vir. Inscrito nos livros, ele deverá ser reinscrito nos corpos dos negros, tornando-se uma imagem de busca pela subjetividade do ser mulher

---

[33] Para as casas de Candomblé de matriz banto, o mar era a zona fronteiriça que separava o mundo dos vivos do mundo dos deuses e dos mortos e aqueles que atravessavam o mar só poderiam ser emissários de Zambiumpungo, o criador. O mar remete a noção de travessia de espectros e heranças que readquirem vida.

que era Beatriz. Zumbi torna-se mulher, pois é o povo negro e suas mulheres quem estão em questão.

Considerações finais. O Atlântico remete a uma possibilidade efetiva de inscrever uma temporalidade e uma história marcadas pela ancestralidade. Movida pela imagem do orí – a cabeça que une a memória da alma negra com as terras (aiyé) brasileira e africana e com os ancestrais (orun) africanos – a identidade negra pode ser refundada pela diferença em movimento que permite uma nova visada histórica.

Escrever, portanto, em tempos de exceção significa modelar imagens e recursos para que a história possa ser refeita apesar (e contra a) da exceção histórica na qual o negro foi e tem sido expoliado de sua própria pessoa política e subjetiva na formação e no cotidiano da sociedade brasileira. Mas significa, também, a possibilidade de inscrever uma saída para essa exceção por meio de uma fonte produtiva de diferença negro-atlântica, invertendo o tempo não por sua anulação, mas pelo enfrentamento.

O Atlântico-metáfora permite enfrentar a temporalidade da exceção menos como fuga do que como restauração da integridade física e espiritual da vida e permitir ao negro conquistar um lugar negado pelo legado histórico da sociedade brasileira.

Referências
AGAMBEN, Giorgio. **Estado de exceção**. São Paulo: Boitempo Editorial, 2004.
AGAMBEN, Giorgio. **Homo sacer: o poder soberano e avida nua I**. 2 ed. Belo Horizonte, MG: EDUFMG, 2010.
ALBERTI, Verena; PEREIRA, Amílcar Araújo (Org.). **Histórias do movimento negro no Brasil**. Rio de Janeiro: Pallas; Cpdoc-FGV, 2007.
BRUGGER, Silvia Maria Jardim. **Clara Nunes: o canto como missão**. Reciis, Rio de Janeiro, v. 4, n. 3, p. 103-117, set. 2010.
BRUGGER, Silvia Maria Jardim. "O povo é tudo!": uma análise da carreira e da obra da cantora Clara Nunes. **ArtCultura**, Uberlândia, v. 10, n. 17, p. 191-204, jul.-dez. 2008. Disponível em: http://www.artcultura.inhis.ufu.br/anteriorNr17.php. Acesso em maio de 2016.

FONSECA, Maria Cecília Londres. **O patrimônio em processo**. Rio de Janeiro: EDUFRJ, 2009.

GUIMARÃES, Antônio Sergio Alfredo. **Classes, raças e democracia**. São Paulo: editora 34, 2010.

GILROY, Paul. **O atlântido negro**. São Paulo: editora 34, 2006.

LINEBAUGH, Peter. 'Todas as montanhas atlânticas estremeceram'. **Revista brasileira de história**, São Paulo, v. 3, n. 6., 1983, p. 7-43. Disponível em: http://www.anpuh.org/revistabrasileira/view?ID_REVISTA_BRASILEIRA =34. Acesso em: maio de 2016.

MAIO, Marcos Chor. 'Modernidade e racismo - Costa Pinto e o projeto UNESCO de relações raciais'. In: PEREIRA, Claudio Luiz; SANSONE, Livio (orgs.). **Projeto Unesco: textos críticos**. Salvador, BA: EDUFBA, 2007, p. 11-24.

NASCIMENTO, Abdias. **O Genocídio do negro brasileiro: o processo de um racismo mascarado**. Rio de Janeiro: Paz e Terra, 1978.

NASCIMENTO, Beatriz. **A senzala vista da casa grande**. Opinião, Rio de Janeiro, 15 out. 1976. Tendências e Cultura, p. 20-21.

NASCIMENTO, Beatriz. 'Por uma história do homem negro'. In: RATTS, Alex (Org.). **Eu sou Atlântica**. São Paulo: Imprensa Oficial do Estado de São Paulo; Instituto Kuanza, 2007.

PARÉS, Nicolau. **A formação do candomblé no Brasil**. Campinas, SP: Editora da UNICAMP, 2007.

RICOEUR, Paul. **Tempo e narrativa**. V. 1. Campinas, SP: Papirus, 1996.

RAMOS, José Mário Ortiz. **Cinema, estados e lutas culturais (anos 50/60/70)**. Rio de Janeiro: Paz e Terra, 1983.

SANTIAGO JR., Francisco das C. F.. **Imagens do candomblé e da umbanda: religiosidade e etnicidade no cinema brasileiro (1974-1984)**. Tese (Doutorado em História). Programa de Pós-Graduação em História, Universidade Federal Fluminense, Rio de Janeiro, 2009.

SANTIAGO JR., Francisco das Chagas F.. **Imagem, raça e humilhação no espelho negro da nação: cultura visual, política e "pensamento negro" brasileiro durante a ditadura militar**. Topoi (Rio de Janeiro), 2012, vol.13, n.24, pp.94-110. Disponível em: <http://www.scielo.br/scielo.php?script=sci_arttext&pid=S2237-101X2012000100094&lng=en&nrm=iso>. Acesso em maio de 2016.

Eduardo Pellejero

A ESCRITA FORA DE ORDEM

> A censura da imprensa, a persecução a intelectuais, a invasão da minha casa, o assassinato de amigos queridos e a perda de uma filha que morreu combatendo, são alguns dos fatos que me obrigam a esta forma de expressão clandestina depois de ter opinado livremente como escritor e jornalista durante quase trinta anos.
>
> Rodolfo Walsh

A 17 de Junho de 1976, vítima de uma operação conjunta da polícia e do exército em Guaymallén (Mendoza), morria Francisco 'Paco' Urondo, poeta e militante apaixonado, que disse *não* ao golpe. Cercado, depois de pôr a salvo a sua mulher e a sua filha, debateu-se até o final, mesmo sabendo-se em desvantagem; o esperavam a tortura, a delação. Não queria entregar-se, não podia. Tinha apenas 46 anos.

Poucos meses depois da morte de Urondo, Rofolfo Walsh escrevia uma sentida carta dirigida ao seu amigo e companheiro de armas (e através dele ao resto dos intelectuais que militavam na clandestinidade, e intempestivamente a nós, na medida em que ainda nos colocamos as mesmas questões). Entre a palavra íntima e a denúncia da situação insustentável que atravessava o país, Walsh se perguntava pelo sentido da morte (e da vida) de Urondo, pelo significado do escritor comprometido, do profundo laço que ata a escrita às aventuras da emancipação.

Não sabia (não podia saber) que a mesma pergunta seria colocada meses depois em relação a si: desaparecido desde 25 de Março de 1977, pouco depois de enviar por correio os primeiros exemplares de outra carta que ficaria na história, denunciando o governo de fato que sequestrara o poder político na Argentina[34], Walsh foi ferido de morte depois de resistir à

---

[34] O 24 de março comemorava-se um ano do golpe. Walsh pretendia enviar a sua carta por correio para jornalistas locais e estrangeiros, tentando romper o cerco informativo da ditadura

detenção por um grupo de tarefas da Escola de Mecânica da Armada. Tinha 50 anos.

A escrita de Walsh nem sempre fora uma modulação do seu compromisso. Cultor da literatura policial (*Variaciones em rojo*, 1953) e aficionado do xadrez, começa a sua carreira de escritor afastado da política. Mas em 1956 o seu devir literário o compromete num movimento de politização poética e vital: em Junho, um grupo de operários é fuzilado pela polícia; Walsh toma conhecimento de que há sobreviventes e se envolve numa investigação, dando de cara com os excessos da ditadura e a existência da resistência peronista. O resultado imediato será a publicação de *Operação Massacre* (1958) – livro que antecipa o *new jornalism* – e o seu engajamento pessoal na política. Ao mesmo tempo, num movimento único, a literatura policial que praticara até aí é transfigurada pela descoberta de uma nova personagem – "um criminoso atípico, que já não é o mordomo, mas o próprio estado" (Bonasso, 2006) – e a sua postura como intelectual sofre uma transformação radical, colocando-o num caminho que "absorveria quase todo o seu tempo" (Ferreyra, 2007, p. 105). Anos mais tarde confessaria: "*Operação Massacre* mudou a minha vida. Escrevendo esse livro, compreendi que além das minhas perplexidades íntimas, existia um ameaçante mundo exterior" (Walsh *apud* Ferreyra, 2007, p. 105).

Nos anos seguintes, sob a influência da revolução cubana, se aproximará ao pensamento marxista, integrará o FAP[35] a partir de 1968, e se incorporará aos Montoneros em 1973, assumindo tarefas de inteligência e participando ativamente de *Noticias*, o jornal da organização. Tratava-se de uma militância conscientemente assumida: "Um intelectual que não compreende o que acontece no seu tempo e no seu país – escreveu – é uma contradição andante, e quem não compreendendo não atue terá um lugar na antologia do choro, não na história viva da sua terra" (Walsh *apud* Ferreyra, 2007, p. 105)"

A escolha política de Walsh, em todo o caso, não implicaria o abandono da literatura. Pelo contrário, entre o engajamento e a experimentação opera-se uma retroalimentação crescente, uma tensão crítica e criativa, cujos primeiros efeitos passam pela ressignificação do género que Walsh pratica, conjugando "a articulação de uma versão contra-hegemónica dos fatos e uma ideia de memória social enquanto prática

---

[35] *Fuerzas Armadas Peronistas* (FAP) foi uma organização guerrilheira argentina criada em 1968.

contestatária de disputa pelo sentido do passado" (Grasselli, 2010, p. 3). Tentando fazer da literatura de denúncia uma memória da resistência, isto é, uma palavra capaz de resgatar do esquecimento as vozes silenciadas pela ditadura e de mobilizar o passado na expectativa de abrir o presente ao futuro, seus textos constituem verdadeiros dispositivos de intervenção; mas ao mesmo tempo expandem as fronteiras da literatura de denúncia na qual se inscrevem: "Por um lado está o domínio da forma autobiográfica do testemunho verdadeiro, do panfleto e a diatribe (...). O escritor é um historiador do presente, fala em nome da verdade, denuncia as manobras do poder. (...) Por outro lado para Walsh a ficção é a arte da elipse, trabalha com a alusão e o não-dito, e a sua construção é antagónica com a estética urgente do compromisso e as simplificações do realismo social. (...) Porém, as duas poéticas estão unidas num ponto que serve de eixo a toda a sua obra: a investigação como um dos modos básicos de dar forma ao material narrativo" (Piglia, 1987, p. 14).

O círculo fecha-se (volta a abrir-se) em 1976. O crescente dissenso de Walsh com a cúpula dos Montoneros se traduz na organização de duas agências de imprensa clandestina (*ANCLA* e *Cadena Informativa*), assim como numa série de cartas polemicas, onde depois de anos de apresentar-se como militante e responder a sucessivos nomes de guerra (Esteban, El capitán, Neurus) volta a assinar com o seu nome e a reclamar a sua condição de escritor. No temor de que a vanguarda se convertesse numa patrulha perdida, na certeza de que a derrota da resistência armada era irreversível, no limite das suas possibilidades como militante, como soldado e como intelectual, Walsh voltava a ser Rodolfo Walsh (Ferreyra, 2007, p. 105).

Sem esperanças de ser ouvido, com a certeza de ser perseguido, mas fiel ao compromisso que assumira de dar testemunho em momentos difíceis, Walsh afirma a sua liberdade nessa série de cartas nas quais a escrita e a política, a literatura e a resistência se confundem definitivamente num gesto crítico que ainda projeta as suas consequências sobre nós (são cartas, como assinala Daniel Link, que ainda não chegaram completamente ao seu destino).

Walsh não queria ser um herói, mas apenas um homem que se atreve. Acreditava que a palavra escrita, quando logra conjugar verdade e beleza, é capaz de mudar o homem (de abri-lo ao mundo). Prescindira cedo da superstição da imortalidade literária, mas nunca ninguém se encontra pronto para morrer[36].

Porém, como Haroldo Conti, desaparecido em 1976, soube afirmar que a escrita era a sua trincheira e que daí não saia. A verdade é que cada qual escolhe e que, quando além de escrever, e não muito bem, não sabemos fazer outra coisa, é fatal que travemos as nossas batalhas *por* e *em* na escrita (Conti *apud* Garcia Marques, 1981).

Isso não significa necessariamente que as palavras, como dizia Sartre falando de Brice-Parain, sejam sempre pistolas carregadas, nem que quem escreve, atire. Essa forma canónica de compreender o engajamento literário não pode ignorar que a escrita comporta essencialmente as suas zonas obscuras, e nesse sentido é um tateio, um laboratório do real, não apenas uma extensão da consciência. Também não pode perder de vista que a luta na qual se compromete frequentemente a nossa escrita necessariamente desborda a escrita, e implica uma retomada da totalidade do mundo, do homem e da sua práxis histórica. Há uma hora (noite branca da insônia) na qual as palavras deixam de ser um meio e não podem ser senão uma cerimônia, uma festa, uma doação. E há uma hora (meio-dia de total escuridão) na qual as palavras são insuficientes, e exigem a ação, pedem um corpo, devir-mundo.

Urondo, Walsh, Conti, e tantos outros escritores, que hoje não são senão uma sombra na nossa memória, fizeram da sua escrita uma afirmação total da liberdade: um desencadeamento das paixões (*Sudeste, Do outro lado*) ou um apelo (*Operação Massacre, A pátria fusilada*) – consagraram as suas vidas a isso. Não devia, portanto, surpreender-nos que, colocada em causa a liberdade, abraçassem a sua defesa de forma total (nos surpreende, sim, que para fazer isso tenham sido obrigados a dar as suas vidas, as suas noites, os livros com que sonharam e não escreveram).

"Falar sem atuar engendra a pestilência", escreveu Blake. Na medida em que a liberdade é uma condição de possibilidade e um fim para

---

[36] Na carta que dedicou à sua filha Victoria, que também deu a sua vida na luta contra a ditadura, escrevera: "No tempo transcorrido refleti sobre essa morte. Perguntei-me se a minha filha, se todos os que morreram como ela tinham outro caminho. A resposta brota do mais profundo do meu coração e quero que os meus amigos a conheçam. Vicki podia escolher outros caminhos que eram diferentes sem ser desonrosos, mas aquele que escolheu era o mais justo, o mais generoso, o mais razoado. A sua lúcida morte é uma síntese da sua curta, bela vida. Não viveu para ela, viveu para os outros, e esses outros são milhões. A sua morte sim, a sua morte foi gloriosamente sua, e nesse orgulho me afirmo e sou eu quem renasce dela" (Walsh, 1976).

a escrita, isso significa que – praticando ou não uma escritura engajada – o escritor se encontra inevitavelmente comprometido na luta pela liberdade. Certamente, a escrita e a moral pertencem a esferas diferentes, mas a dimensão estética da escrita guarda uma relação indissolúvel (porém indeterminada) com os imperativos da liberdade. O próprio da escrita não é resolver os problemas políticos, nem contribuir para a organização do social, mas lançar um apelo – através da dialética que a obra estabelece entre escritor e leitor – para que os homens assumam a sua liberdade (que pode ganhar forma respondendo às questões levantadas pela própria escrita, mas também seguindo linhas de fuga em direções incomensuráveis). O suplemento político da liberdade é uma condição de possibilidade do funcionamento estético da escrita; o funcionamento estético da escrita é condição de atualização do suplemento político da liberdade.

Mais direto, mais assertivo, mais intenso, por isso mesmo, também, Sartre dizia que não se escreve para escravos: "a liberdade de escrever implica a liberdade do cidadão. (...) Quando uma é ameaçada, a outra também é. (...) Escrever é uma certa maneira de desejar a liberdade: tendo começado, de bom grado ou à força, você estará engajado" (Sartre, 2004, p. 53)[37].

Conti regressava do cinema com a sua mulher na noite que foi sequestrado (acolhia, na sua casa, jovens perseguidos pela ditadura, mas ainda continuava a escrever; no dia anterior ao seu sequestro terminara durante a manhã o seu último conto, começado no dia anterior[38]). Walsh relegara durante algum tempo a literatura em proveito da militância política, mas horas antes de ser morto despachara uma carta sem retorno, denunciando a situação que se vivia no país (sem reparos, sem reservas, à cara descoberta). Urondo fora um poeta noturno, um acólito da senhora (como diria, Gelman), mas sensível ao dia, e, quando o dia se tornou mais escuro que a noite, abandonou a noite e se deu inteiro ao dia; disse uma vez: "Empunhei uma arma porque procuro a palavra justa" (Urondo *apud* Gelman, 1997, p. 12).

Escreveram até o final, lutaram até o final. As incompatibilidades entre a militância pela liberdade e a liberdade da escrita não se colocavam

---

[37] "E não basta defendê-las com a pena. Chega um dia em que a pena é obrigada a deter-se, e então é preciso que o escritor pegue em armas. Assim, qualquer que seja o caminho que você tenha seguido para chegar a ela, quaisquer que sejam as opiniões que tenha sustentado, a literatura o lança na batalha.
[38] Trata-se de *A la diestra*."

para eles. Gelman disse sobre essa singular solidariedade: "Quando nestes tempos da despaixão lembramos as polêmicas dos anos sessenta – uns pretendendo fazer a Revolução na sua escrita; outros abandonando a escrita para fazer a Revolução –, entendemos em toda a sua magnitude aquilo que Paco, Rodolfo, Haroldo nos mostraram: a profunda unidade de vida e obra que um escritor e os seus textos podem atingir" (Gelman, s/d).

Puderam escapar; ficaram. Puderam calar; escreveram. Queriam ser lembrados sempre em nome da alegria[39]. E a sua literatura torna mais uma vez patente que os fatos são particulares e tristes, mas a ideia que extraímos deles pode ser universal e alegre.

Os seus livros nos interpelam, nos chamam. Não reclamam vingança: simplesmente esperam que assumamos por conta própria o trabalho, *nem sempre paciente*, que dá forma à impaciência da liberdade.

Referências

BONASSO, Miguel. 'El camino de Rodolfo Walsh'. Em: **Casa**, n° 245, La Habana, Casa de las Américas, 2006. Disponível em: www.casadelasamericas.org

FERREYRA, Lilia. 'A 30 años de la desaparición de Rodolfo Walsh: Celebrar la memoria'. Em: **Casa**, n° 247, La Habana: Casa de las Américas, 2007.

GARCÍA MARQUES, Gabriel. 'La última y mala noticia sobre Haroldo Conti'. Em: **El País**, Madrid, 21-04-1981. Disponível em: http://sololiteratura.com/

GELMAN, Juan. 'Palabras', s/d. Disponível em: http://www.literatura.org/

GELMAN, Juan. 'Urondo, Walsh, Conti: La clara dignidad'. Em: **Prosa de prensa**, Buenos Aires: Zeta, 1997.

GRASSELLI, Fabiana. 'La escritura testimonial en Rodolfo Walsh: politización del arte y experiencia histórica'. Em: **III Seminário Internacional Políticas de la memoria**, Buenos Aires, 2010.

PIGLIA, Ricardo. 'Rodolfo Walsh y el lugar de la verdad'. Em: **Revista Fierro**, n° 37, Buenos Aires, 1987.

WALSH, Rodolfo. **Carta a Vicki [1976]**. Disponível em: www.rodolfowalsh.org

---

[39] Cf. Rodolfo Walsh, 'Carta a Paco Urondo' (1997, p. 13-16).

WALSH, Rodolfo. 'Carta a Paco Urondo'. Em: Gelman, **Prosa de prensa**, Buenos Aires: Zeta, 1997.

www.ingramcontent.com/pod-product-compliance
Lightning Source LLC
LaVergne TN
LVHW091610170726
843492LV00007B/2331